本书受到"广州市青年文化英才"资助项目（文件号：粤宣通〔2019〕43 号）的支持

广州大学公法论丛

Normative Review
of Legislation

History, Innovation and Practice

# 立法的规范审视

## 历史、创新与实践

张玉洁 著

社会科学文献出版社
SOCIAL SCIENCES ACADEMIC PRESS (CHINA)

# 序

中国立法，一端勾连着传统，一端又正在经历规范范式的全新转换。所谓"勾连传统"，其实也并不遥远，大体可以从 1978 年改革开放开始算起，到 2000 年《立法法》的公布，再到 2011 年中国特色社会主义法律体系的形成。其间，中国立法整体上历经了"自我规范"与"全面规范"的双重发展路径。在"自我规范"层面，《立法法》（2000 年通过实施）、各省（市）地方性法规制定办法以及各级人大议事规则的出台，既是各级人大立法工作规范化的一个缩影，又充分显现出中国立法对传统立法规律的尊重和把握。而在"全面规范"层面，我国同样正在经历传统立法的基本历程。具体而言，在纵向"全面规范"上，截止到 2019 年 6 月，我国现行有效的规范性法律文件包括以下几类：272 部法律、617 部行政法规、2800 余部部门规章、17033 部省级地方性法规、1072 部经济特区法规、1653 部自治条例和单行条例（若忽略时间界限，还可以包括 9414 部设区的市地方性法规）。这些数字显现出我国的"法律"门类不仅非常全面，还借用效力等级的差异统领更为全面的行政法规、地方性法规，这是传统立法的魅力和贡献，仍将继续发挥其作用。在横向"全面规范"上，我国立法所涉及的内容包括但不限于民事、刑事、环保、经济、劳动保障。在"语言文字"这一事项上，我国省级法规规章的数量就达到 110 部；涉及"宗教事务"的省级法规规章的数量也达到 139 部。由此观之，横向"全面规范"正在试图进入社会生活的方方面面。这是法治国家的应有样态，也是传统立法时空观的具象式展现。

然而，传统同发展具有天然的对立性。传统强调旧有经验的传承，而发展恰是追求因时而动、因地制宜。当"传统"遭遇"发展"，"立法"面对"改革"时，传统立法如何回应现代社会的需求，如何推进自身理论与技术的革新，就成为无可回避的时代命题。在此客观境遇下，当代中国立法（学）的规范范式转换就成为必然。这一转换的标志就是现代立法正在从"立法保障论"研究范式中解放出来，开始探究"立法服务于改革"这一全新命题。尤其是在 2011 年中国特色社会主义法律体系形成（包括 2015 年《立法法》修改所带来的变化）之后，立法方法论、立法权下沉、区域立法等现代立法命题跃然于立法实务界面前，挑战着传统立法理论与经验。换言之，以杰里米·沃尔德伦（Jeremy Waldron）为代表的"立法保障论"研究范式正在遭遇中国经验的冲击，但冲击之后的新研究范式究竟走向何方，各国立法学界仍在不同路径上努力探寻。很多研究范式取得了可喜的成绩，例如卢卡·温特根斯（Luc J. Wintgens）的"立法法理学"，弗里德里希·哈耶克（Friedrich V. Hayek）的"建构主义立法学"，汪全胜、钱弘道等学者倡导的"立法评估学"等。上述研究范式虽然路径迥异，但无疑体现了立法研究的努力与成果，更证成了"立法学研究范式转化"这一时代命题。

上述立法学研究范式的转换，可以视为法学界对现代立法发展方向的解答。但这种解答对于解决中国问题而言，是远远不够的，至少是欠缺可操作性的。"法治中国"这一宏伟目标给予立法实务界与立法学界的要求，不仅仅是完善立法理论、创新立法技术，更重要的是推进"富强民主文明和谐美丽的社会主义现代化国家"的有序建设，甚至是推动人类命运共同体建设，促进全球治理体系变革。因而，立法学界对立法学范式转换的解读与方案制定，必须立足于中国问题与中国方案。

　　张玉洁博士的这本著作，为立法学范式转换提供了一个中国式的发展路径。全书从立法学学科发展出发，以现代立法的视角规范性地审视了实验主义立法、实质立法观、立法机制变革、部门法立法实践等中国特色问题，并针对不同的立法实践给出了契合实际的解决方案。例如，该书的"中篇"从立法回避制度与立法博弈制度的比较角度审慎地提出立法博弈对公众参与立法的实质性推动作用。同时，立法博弈又将面临区域立法主体利益之间的巨大差异，引发非合作博弈问题。整个"中篇"（乃至全书）对我国立法的反思与开拓意味明显，并紧密结合现代立法的共通性问题，既给出了中国立法完善的蓝本，又对世界普遍面临的立法难题做出了创造性回应。这是学者应该有的使命感。而为这种使命感的实现创造一些平台和条件，又是我与"广大公法论丛"乐意而为的！

　　"广大公法论丛"正是应新时代国家治理现代化之需求，以"推进公法理论、服务法治建设"为目标成长起来的专业性法学丛书。我们希望此论丛能够为新时代公法学人提供一个高层次研究成果的展示与交流平台，成为中国向世界传递公法理论和经验的途径。我辈愿在岭南之地，以文会友。

董　皞

2020 年 3 月

# 目　录

## 上篇　现代立法的中国境遇

## 中篇　我国立法的机制创新

## 下篇 部门立法的中国实践

上 篇

现代立法的中国境遇

# 第一章　30 年而立的地方立法：广州回眸

　　地方性法规是中国特色社会主义法律体系的重要组成部分。自 1986 年《地方组织法》赋予"省、自治区的人民政府所在地的市和经国务院批准的较大的市"地方立法权以来，广州市人大常委会在立法工作上已经历经七届人大、30 个年头的发展。在这 30 年里，广州市从"历史文化名城"，一跃成为"国家重要的中心城市"；全市经济生产总值也由原来的 200 亿元发展到 2016 年的 2 万亿元；地方立法工作也逐步从粗放式立法转向精细化立法，从探索式发展转向规范式发展，从关注经济转向关注民生，从侧重立法数量转向量质并重。广州市的上述发展，离不开广州市人大常委会立法工作的支持。30 年的立法经验表明，广州市人大常委会坚持党的领导，认真履行宪法和法律赋予的职责，并以民主立法、科学立法为原则，把广州市立法工作同党的领导、国家法治建设、改革开放统一起来，全面、深入地推进了广州市的地方发展。据统计，截止到 2016 年初，广州市人大常委会共制定地方性法规 148 件，修改地方性法规 122 件次，进行了 4 次大规模的法规清理，先后废止法规 37 件，现行有效法规 85 件，初步形成了与国家法律、行政法规和省地方性法规有机统一覆盖广州市经济社会各个主要方面的地方性法规体系，铸就了广州地方立法的辉煌成就。上述地方性法规的制定和实施，不仅有效促进了广州市政治、经济、社会、文化、生态环境等事业的全面发展，同时也为广州市全面深化政治经济体制改革、建设法治广州奠定了坚实基础。为了更好地总结广州市地方立法工作的优秀经验，促进新时期法治广州的建设，深入践行民主立法、科学立法的伟大号召，广州市人大常委会在纪念地方立法工作开展30周年之际，系统回顾了广州市30年来的立法经验，从中总结出一系列敢为人先、广有成效的立法经验，以此为中国特色社会主义法治国家的建设增砖添瓦。

# 一　广州市地方立法工作30年回顾

我国是一个以宪法为国家根本大法，以法律、行政法规、地方性法规为主体的成文法国家。宪法在我国具有统领中央与地方立法职权的作用。但是在1982年宪法公布施行之前，我国宪法仅规定全国人大与地方人大的立法权，而未赋予全国人大常委会独立的立法权，对地方人大常委会的立法职能更是未加提及。尤为重要的是，1954年宪法、1975年宪法、1978年宪法虽然在地方政权组织中设立了"委员会"（前两者中称为"人民委员会"，后者中称为"革命委员会"）这一机关，但就性质而言，该"委员会"属于国家行政机关，并不属于国家权力机关的组成部分。因此，1975年之前的宪法性文件并未赋予地方人大常委会制定地方性法规的权力。直至1979年《地方组织法》修订，地方人大常委会在地方立法中的职能才得到肯定。该法第27条规定："省、自治区、直辖市的人民代表大会常务委员会在本级人民代表大会闭会期间，根据本行政区域的具体情况和实际需要，在和国家宪法、法律、政策、法令、政令不抵触的前提下，可以制订和颁布地方性法规，并报全国人民代表大会常务委员会和国务院备案。"而该法第 28 条则明确规定了县级以上地方人大常委会的立法权。这是我国立法体制的重大变革，也为广州市人大常委会获得立法权奠定了法律基础。之后公布施行的 1982 年宪法，正式确认了地方人大常委会的机构设置，从而在宪法层面上保证了地方人大常委会职权的法定性。

1986 年修订后的《地方组织法》则重新规定了享有地方立法权的主体范围。该法第 38 条第 2 款规定："省、自治区的人民政府所在地的市和经国务院批准的较大的市的人民代表大会常务委员会在本级人民代表大会闭会期间，根据本市的具体情况和实际需要，在不同宪法、法律、行政法规和本省、自治区的地方性法规相抵触的前提下，可以制定地方性法规，报省、自治区的人民代表大会常务委员会批准后施行，并由省、自治区的人民代表大会常务委员会报全国人民代表大会常务委员会和国务院备案。"而广州市作为广东省政府所在城市，依法享有了制定地方性法规的权力，从而为广州市的政治、经济、社会、文化，生态环境的法治化奠定了坚实基础。在此时代背景下，广州市人大常委会秉持科学立法、民主立法的原则，积极探索地方立法规律，稳步推进地方法治建设，不断健全地方立法程序，提升立法质量，有效保证了上位法在广州市的贯彻实施。在广州市人大常委会获得立法权的 30 年里，广州市立法工作有计划、有步骤地向前推进，总体上可以划分为以下几个阶段。

## （一）探索起步阶段（1986 年 12 月至 1993 年 6 月）

党的十一届三中全会之后，全国人大的立法重点聚焦于"为重建社会秩序和推动改革开放提供法律支撑"。因此，广州市人大常委会在这一阶段审议通过的 18 件地方性法规，主要围绕经济建设这一重点来开展地方立法工作。起步探索阶段的广州市人大常委会除了坚持以经济发展为中心之外，兼顾民生立法、环保立法的需要，确立了以经济立法带动民生立法、环保立法，环保立法服务于经济立法，民生立法与环保立法并进的思想。因此，起步探索阶段的广州市人大常委会立法工作主要有以下特点。

### 1. 经济型立法数量较多，立法效果显著

在起步探索阶段，广州市人大常委会针对改革开放初期所产生的经济问题，进行了多项顺应改革开放和经济发展潮流的立法尝试。例如，1986年10月6日，广州市第八届人大常委会第二十二次会议审议通过了《广州经济技术开发区条例》。这是广州市人大常委会制定的第一部经济型法规，也是全国第一部保障经济技术开发区发展的专门性法规。该法规创设于全国经济技术开发区的起步阶段，为全国各城市经济技术开发区的法治保障提供了经验借鉴。此外，为了保障立法的科学性、民主性，广州市人大常委会以"羊城论坛"的形式，吸引公众参与到经济立法中来。例如在《广州市禁止生产、经销假冒伪劣商品条例》制定过程中，广州市人大常委会办公厅和广州电视台联合举办第四期《羊城论坛》，通过公众参与的方式，在节目中开展了主题为"依法治理假冒伪劣商品大家谈"的活动，听取并吸收了群众意见和建议。而1987年12月23日广州市第八届人大常委会第三十四次会议审议通过的《广州市食品商贩和城乡集市贸易食品卫生管理规定》（已由1997年5月广州市第十届人大常委会第三十三次会议废止），得到了联合国世界卫生组织的高度评价，并被翻译为英文在世界卫生组织举办的"国际小商贩食品卫生交流会"上予以介绍。这高度肯定了广州市人大常委会在经济立法、先行立法、科学立法上所做出的巨大努力。

### 2. 环保型立法发展迅速，环保法治提升

在起步探索阶段，广州市人大常委会根据上级人大关于加快立法工作步伐的要求，进一步明确立法思路，制定详细的立法规划。尤其是在经济发

展与环境保护相协调问题上，广州市人大常委会在加快经济立法的同时，积极开展环境立法调研，先后制定了多部环保型地方性法规，如《广州市大气污染防治规定》《广州市野生动物保护管理若干规定》等。这一时期，针对改革开放初期经济发展所导致的环境问题，群众通过多种渠道表达出优化广州生活环境、保证良好生态的愿望。1991年7月，广州市人大常委会副主任与数十名代表视察了黄埔发电厂、广州氮肥厂、广州水泥厂、广州电厂、东方宾馆、华南缝纫机铸造厂、广州铜材厂、橡胶二厂、解放北街办事处等15个单位执行《中华人民共和国大气污染防治法》和《广州市防治烟尘污染规定》的情况。根据调研结果，广州市第九届人大常委会于1991年10月15日审议通过了《广州市大气污染防治规定》。该规定是广州市人大常委会坚持实地调研、立足于广州市污染防治的现实情况解决群众需求的结果，展现了广州市人大常委会密切联系群众，以民主方式提高立法科学性的优良传统。

这一时期的另一项重要环保法规是《广州市野生动物保护管理若干规定》。该规定由广州市第九届人大常委会第二十九次会议于1991年12月6日审议通过。该规定实行期间，广州市第九届人大常委会于第三十九次会议听取和审议《关于贯彻执行〈广州市野生动物保护管理若干规定〉的情况报告》，进一步肯定了广州市人大常委会对野生动物的立法保护工作，加大了行政机关对野生动物保护的检查力度。《广州市野生动物保护管理若干规定》的自我审查以及全国人大常委会的专项审查，充分说明了广州市人大常委会的立法工作能够接受实践的考验，能够在立法工作完成后积极评估立法的得失，能够以一种辩证的眼光对待立法结果的态度。

**3. 关注民生问题，凸显民主立法精神**

社会民生一直是广州市人大常委会所关注的立法问题。尤其是广州市人大常委会获得地方立法权以来，民生立法已经成为广州市人大常委会的工作重心之一，例如公众关心的社会治安、弱势群体保护、医疗卫生以及教育等问题的相关立法。为了实现广州市的长治久安，保障公民的基本生活，广州市人大常委会坚持以人为本、立法为民、民主立法的原则，创设了一系列保障公民权益的地方性法规。广州市人大常委会早在1987年就开始关注广州市社会治安情况，并在第九届市人大常委会第二十三次会议、第二十五次会议上，分别审议、通过了《广州市社会治安综合治理暂行条例》，从而保证了广州市社会治安问题的法治化。为了更好地保障弱势群体的合法权益，广州市人大常委会在全国范围内率先开展"妇女权益保护""青少年权益保护"等相关内容的立法工作。1991年1月和5月，广州市人大常委会分别通过了《广州市妇女权益保障若干规定》和《广州市妇女工作条例》。在《广州市妇女权益保障若干规定》公布施行后，《中国妇女报》于1996年3月22日在头版头条新闻中报道："这部地方性法规的一些条款，尚属全国之先"，"自3月8日以后长期困扰广州妇女的一些不平等现象，将得到突破性的解决"。

起步探索阶段的广州市人大常委会，承担着我国改革开放的"排头兵"职能。此时的广州市人大常委会坚持以民主立法、科学立法为原则，以发展经济、深化改革、对外开放、改善民生为己任，不仅积极贯彻党中央、全国人大及其常委会关于立法工作的安排，同时也积极探索，在不违背宪法、法律等上位法的前提下，结合广州市具体情况，积极开拓、锐意进取，取得了符合时代要求、群众要求、法治要求的立法成果。这一时期的广州市人大常委会立法工作，深刻地影响了广州市的政治、社会、经济、文化、环境发展，同时也引领全国相关领域的立法工作，获得了全国人大的高度认可。

（二）加快立法步伐阶段（1993年6月至1998年6月）

根据全国人大常委会和省人大常委会有关加快立法工作步伐的要求，广州市人大常委会于1993年制定了5年完成55个立法项目的五年立法规划。

其中经济类法规 23 件，涵盖商品生产与流通、消费、对外经贸、农村农业等广泛领域，城市规划、市政设施管理、市容环卫等方面的法规 15 件，教育、科技、文化、卫生、宗教事务等方面的法规 12 件，环境和资源保护等方面的法规 5 件。在实施五年规划的第一年（1994 年），广州市人大常委会就完成了 21 个立法项目。面对广州市政治经济社会发展的需要，广州市人大常委会在加快立法步伐的 5 年中，总共制定法规 57 件，修订 9 件，超额完成了预定任务。

这一时期，为了适应加快立法步伐的需要，广州市人大常委会对下属工作机构的立法分工进行了调整。法规草案的审查、修改，以及报批、公布等一系列工作，均由各有关委员会负责到底，法制工作委员会负责协助。这一时期的法规草案，一般实行一审制，对一审通过后仍须做某些修改的法规，则委托主任会议审定后上报。在加快立法步伐的同时，市人大常委会对提高立法质量也给予了应有的重视，并积极摸索立法质量与立法数量协同发展的立法途径，初步形成了行之有效的做法。例如：通过建立立法协调制度，加强立法的计划性，保证五年立法规划及其分年度计划的顺利实施；通过相关委员会提前介入法规草案的起草工作，深入掌握草案的具体情况，并开展具体的立法指导，保证法规草案符合广州的实际情况和发展需要。此外，为了进一步加强市场经济立法的科学性，广州市人大常委会于 1995 年 6 月，与市社会科学研究所一同举办了"广州市场经济法制建设研讨会"，邀请全国著名专家学者对广州市的立法工作提出意见和建议。

这一阶段，环境保护、医疗卫生、教育等重点领域的立法工作，逐渐在广州市人大常委会立法工作安排中获得了更大的比重。在环境立法上，《广州市白云山风景名胜区保护条例》的制定与实施，被市民评为 1994 年广州地区十大新闻之一，充分说明该项立法得到了公众的广泛关注，是广州市人大常委会长期坚持民主立法的结果。《广州市防治珠江广州河段水域饮食业污染管理规定》的制定与实施，在 1995 年召开的全国环保法制工作会议上得到了原国务委员宋健同志的好评。宋健认为，该项法规简短、针对性强，有利于解决问题。而在社会立法上，广州市人大常委会在《广州市传染病防治管理规定》和《广州市社会急救医疗管理规定》的制定过程中，广泛听取了医疗领域专家的意见和建议，并历经多次实地调研，最终形成了两部法规的表决稿。在教育立法上，1996 年成为广州市教育法治改革的重要一年。在这一年，广州市十届人大常委会先后审议并通过了《广州市幼儿教育管理条例》和《市政府普法及法制教育的决议》，并于 1996 年 9 月 25 日公布实施《广州市职工教育管理条例》。教育的法治化，不仅有力地提升了广州市的教育水平，为广州市培养了大量的人才，同时也保障了公民的受教育权。

## （三）转变立法工作思路阶段 (1998 年 6 月至 2003 年 3 月 )

围绕党的十五大提出的"加强立法工作，提高立法质量，到 2010 年形成有中国特色社会主义法律体系"的立法目标，广州市地方立法工作翻开了崭新的一页。根据党的十五大报告的要求，"加强立法工作，提高立法质量"成为这一时期广州市人大常委会的重要目标。"加强立法工作"是指在党的领导下，立法机关依照宪法和法律的相关规定，全面开展政治、经济、社会、文化、环境保护等方面的立法工作，确保国家各项工作都有法可依，逐步实现社会主义建设事业的制度化、法律化，保证"2010 年形成有中国特色社会主义法律体系"伟大目标的实现。而"提高立法质量"则对立法工作的具体开展提出了新的要求。这一阶段，立法机关不仅要注重立法数量问题，还要在加快立法工作的进程中，兼顾立法质量问题，确保我国社会主义法律体系与社会事实、公众需求的契合性。正是基于这样一种科学认识，广州市人大常委会根据广州市法治建设的需要，高度重视地方立法质量的提升。随着 2000 年《立法法》的颁布，广州市地方立法工作在规范性、程序性和民主性上得到了全面提升，进一步提高了地方性法规的质量，使广州市立法工作进入了保质保量发展的新阶段。

在该阶段，广州市人大常委会在加快社会主义市场经济的发展、发挥市场主体的积极性和灵活性、稳步推进经济体制改革的同时，更加注重行政职权监督、城市建设管理、科技教育卫生、民主化建设、精神文明建设等方面的立法，全面推进广州市各项事业的健康、稳定发展。特别是在1999年"依法治国，建设社会主义法治国家"的关键节点，广州市人大常委会积极响应党和全国人大的立法思路，将"建设中国特色社会主义法律体系"纳入自身职责。因此，广州市人大常委会将转变立法工作思路阶段的立法重点总结为：实现依法治市，推进科学发展，构建和谐社会。在此期间，广州市人大常委会根据地方发展的需要，先后制定地方性法规27项，废止地方性法规7项，并呈现出加快立法进程、提高民主化程度、提升立法质量等鲜明特点。

### 1. 扩大公众参与，推进民主立法

公众参与是实现民主立法的重要保障。我国《宪法》第2条规定："中华人民共和国的一切权力属于人民……人民依照法律规定，通过各种途径和形式，管理国家事务，管理经济和文化事务，管理社会事务。"可见，在地方立法过程中开展广泛、多样的公众参与立法活动，既能够推进地方立法的民主化进程，符合宪法的基本精神，也符合立法发展的基本规律，有利于克服立法过程中的地方保护主义倾向和利益部门化倾向，提高公众对地方立法的认可度，降低立法风险，保障立法的社会效果。在转变立法工作思路阶段，广州市人大常委会不断开拓创新，扩大公众参与地方立法活动的方式与途径，使公众能够充分表达自己的意见和建议。例如，2001年12月，广州市人大常委会和广州电视台联合举办的羊城论坛，举办了题为"摩托车管理问题大家谈"的活动，邀请公众对《广州市公共汽车电车客运管理条例》等地

方性法规的实施情况畅谈意见和建议，从而为之后《广州市公共汽车电车客运管理条例》的修订提供了第一手的资料。此外，广州市人大常委会在制定地方性法规的过程中形成了一整套的公众参与机制，例如通过在网络、报纸等主流媒体上公开征求意见和建议的方式，吸引公众参与到地方立法中来，积极征求公众关于议题的看法，尊重并采纳公众的意见，同时也采取专题调研、立法协调会、专家座谈会、书面征求意见等方式，密切联系相关领域的专家、行业协会、从业人员，实现地方立法同广州实际情况的结合，提升立法的质量和实施效果。

2. 加强科技立法，引领经济转型

在转变立法工作思路阶段，经济发展仍是广州市立法工作的重心。随着 2001 年中国加入世界贸易组织，对外开放与经济体制改革更是对广州市地方经济发展提出了新要求。建立一种立法推动经济发展、经济发展反哺社会、社会满意度高的良性立法模式，成为广州市这一时期的重要任务。在此背景下，广州市人大常委会积极发散思维，坚持以法治思维和法治方式来推动广州经济社会的协调发展。

依托广州市对外交往的地缘优势和经济优势，广州市人大常委会以科技立法与经济转型为轴心，最大限度地激发广州市的科技潜力，鼓励科技发展同经济模式转型相结合，并以科技立法、科技发展带动经济转型。这一阶段，广州市人大常委会在《广州市科学技术经费投入与管理条例》的基础上，进一步加大科技立法的力度，分别制定了《广州市科学技术普及条例》（2016 年 3 月施行）、《广州市促进科技成果转化条例》、《广州市专利管理条例》。受科技立法的影响，2000 年广州市高新技术产品产值快速增长，达到 487.32 亿元，占全市工业总产值的比重为 15.78%，比 1999 年提高了 3.44 个百分点。其中电子计算机及信息处理设备产值比 1999 年增长 51.9%，光机电一体化机械设备产值增长 21.5%，新能源产品产值增长 16.4%，新型材料产品产值增长 12.6%。可见上述条例对促进科技成果转化为现实生产力、推动经济社会发展均发挥了重要作用。

随着经济体制改革的深化和企业创新活力的增强，科技立法在推动广州市经济社会发展中的作用愈加明显，越来越多的科研成果转化为企业生产力。这不仅促进了社会的科技理念创新和文化创新，充分调动了科研机构及科技人员的科研积极性，同时也进一步推动了全市产业的转型升级。可以说，广州市人大常委会对科技立法与经济转型之间关系的精确把握，不仅适应了社会主义市场经济发展的需要，遵循社会主义市场经济的发展规律，也凸显出广州市人大常委会勇于创新、积极探索、大胆实践，为科技发展和经济转型创造空间的坚强决心。

**3. 启动法规清理，确保法制统一**

在党的十五大明确提出"形成有中国特色社会主义法律体系"的伟大目标之后，广州市人大常委会以此为己任，认真贯彻党的十五大关于"加快民主立法工作，提高立法质量"的精神，以《立法法》的颁布实施为契机，将立法工作的思路逐步从注重立法数量转变为注重立法质量。为此，广州市人大常委会率先在全国范围内开展法规清理、汇编等工作，对本市的相关地方性法规进行清理，对地方性法规与宪法、法律、行政法规相抵触的内容予以删除或修改。例如，在 21 世纪之初、我国加入世贸组织的特殊时期，广州市人大常委会对广州市的地方性法规进行了清理，修改了《经济技术开发区条例》和《环境噪声污染防治规定》，废止了《外商投资企业管理条例》《土地管理规定》《矿产资源开发管理条例》等 7 件法规，在广州市范围内兑现了国家加入世贸组织时的庄严承诺，维护了国家的法制统一。

**（四）深入推进科学立法、民主立法阶段（2003 年 3 月至今）**

自 2003 年以来，广州市人大常委会在注重法规制定的同时，也开始关注法律的修改、废止、解释等工作。面对新的形势和挑战，广州市人大常委会坚持在"精"字上求成效，将提高立法质量作为立法工作的重中之重，强化精品意识，明确将科学立法、民主立法作为广州立法的主要目标，努力创设了一批符合广州发展要求的地方性法规，取得了较好的立法效果。这一阶段立改废的数量达到了 187 件次，其中制定 46 件、修改 111 件次、废止 30 件，内容涵盖经济建设、社会建设、文化发展、环境保护、城乡管理等多个领域，为广州市经济社会全面发展提供了强有力的法制保障。

**1. 加强民主立法，增进社会福祉**

民主立法历来是广州市人大常委会的工作重心。自 2012 年以来，通过民主方式完善社会立法工作，推进社会建设和民生事业发展成为广州市人大常委会的重要任务。在这一阶段，广州市人大常委会的民主立法工作主要聚焦以下三个方面。

一是民生事项立法。民生事项是国家长治久安的根基。地方立法是否解决人民群众所关心的主要问题、是否让人民群众"学有所教、劳有所得、病有所医、老有所养、住有所居"，是检验地方立法机关民主立法有无成效的重要标准。为此，广州市人大常委会在这一阶段进一步提升社会立法的民主参与程度，先后制定了《广州市城市供水用水条例》《广州市社会医疗保险条例》《广州市妇女权益保障规定》《广州市残疾人权益保障条例》《广州市未成年人保护条例》等众多地方性法规。在《广州市残疾人权益保障条例》实施的当年（即 2008 年），广州市安置残疾人就业就达到 1.5 万人，残疾人接受职业技能培训 5245 人次。由此可以看到，广州市人大常委会的立法工作在保障人民群众的基本权益方面起到了切实有效的作用。

二是深入拓展民主立法的方式。为了更好地联系群众、了解群众需求，广州市人大常委会先后出台《广州市人民代表大会常务委员会主任会议组成人员接待代表日暂行办法》《关于加强广州市人民代表大会代表与人民群众联系的若干意见（试行）》《广州市人民代表大会常务委员会联系代表办法》《人大代表社区联络站工作实施细则》等规范性文件。上述法规的出台，充分结合了广州市的实际情况，进一步加强了广州市人大常委会同人大代表、人民群众之间的联系，充分发挥了人大代表在人民群众与代议制机关之间的桥梁作用，有利于广州市人大常委会了解群众需求、倾听百姓呼声，提升地方立法的质量。

三是通过网络开展立法听证活动，调动人民群众参与地方立法的积极性。例如在2003年制定城市房屋拆迁管理办法时举行广州市首次立法听证会；2012年11月，广州市人大常委会在大洋网上成功举行了《广州市社会医疗保险条例》立法听证会。在听证会举行期间，广州市市民在网上建言献策，全程点击量高达1220.84万次，网友参与投票和评论6353人次，发表意见、建议和评论919人次，达到了公众参与地方立法规模的历史之最。而在制定公园条例时，广州市人大常委会召开了为期8天的网络立法听证会，公众积极参与，踊跃发表意见，点击量达1300多万次，网友投票表达观点达69万人次。利用网络开展立法听证会，开创了我国立法听证工作的先河，也显现出广州市人大常委会对于公众意见的重视，充分体现了广州市人大常委会在扩展民主参与方式上的积极努力。

#### 2. 开展立法评估，提升立法科学性

自党的十八大以来，广州市人大常委会积极改进立法理念，从注重立法数量向提高立法质量转变，进一步完善了广州市地方立法机制。在此期间，广州市人大常委会主动开展地方性法规的立法后评估工作。例如，2003年12月，广州市人大常委会积极开展立法质量评估，主动审查了《广州市专利管理条例》的实施情况，为该条例的后期修订提供了第一手资料；2013年在全国率先制定和实施了《立法后评估办法》，并先后对《广州市城市供水用水条例》《广州市城市轨道交通管理条例》《广州市市容环境卫生管理规定》

《广州市妇女权益保障规定》《广州市全民健身条例》《广州市志愿服务条例》等地方性法规进行立法后评估，并做出相应修改。广州市立法后评估机构对地方性法规合法性、合理性、可操作性等问题的评估，有助于弥补现行法规的不足，提升广州市立法的科学性，也充分体现出广州市人大常委会自我审查、自我监督的精神。在完善立法程序与立法技术方面，广州市人大常委会率先制定了《广州市人大常委会规范性文件主动审查办法》，进一步加强了广州市地方立法过程中的规范性文件审查工作，强化了广州市人大常委会的法律监督职能，体现出广州市人大常委会科学立法、对公众负责的精神。

3. 加强重点领域立法，助推广州新城发展

自 2003 年以来，广州市人大常委会始终围绕经济发展的战略重点开展地方立法。一方面，高科技产业发展成为广州市经济发展中新的增长极，不仅引领广州市经济体制改革，也为广州市低碳经济的发展提供了优势平台。为此，广州市人大常委会大力加强科技产业立法，拉动高科技产业发展，实施了一系列推进信息化和科技创新的举措，如《广州市信息化促进条例》和《广州市科技创新促进条例》，有助于广州市实施创新驱动战略，提升城市核心竞争力，奠定了广州市高科技产业发展的法治基础。其中，《广州市科技创新促进条例》的出台，不仅有利于加大科技创新的财政投入、营造知识产权创新的环境、打造保护知识产权的平台，还为促进科技成果转化、引进和培养高层次创新人才构建了比较完备的制度体系。

另一方面，为了进一步推动广州市的发展，广州市人大常委会重点支持中新广州知识城和南沙新区的法治建设，助推广州市新城区的发展。中新广州知识城和南沙新区是广州市获批的两个国家级重大战略性发展平台，承载着广州市"加快建设国家中心城市、促进经济社会转型升级"的重大使命。为了保障和促进中新广州知识城、南沙新区的管理工作，广州市人大常委会以"立法为经济社会发展保驾护航"为己任，先后制定了《广州市中新广州

知识城条例》和《广州市南沙新区条例》，助推中新广州知识城、南沙新区的城区管理和经济发展。在《广州市中新广州知识城条例》制定过程中，广州市人大常委会坚持以科学立法为导向，多次深入萝岗区基层开展实地调查，掌握了中新知识城发展的第一手资料。同时，广州市为了进一步加快中新广州知识城的发展，以《广州市中新广州知识城条例》为主体，建立起高效便民的行政管理机构，实行了促进知识成果转化的制度措施等。而《广州市南沙新区条例》（以下简称《条例》）则实现了多项制度创新。一是创新行政管理体制。《条例》赋予南沙新区广州市级行政管理权限，同时对优化行政审批流程、提高行政效率提出了严格要求。二是创新产业发展机制。《条例》规定南沙新区重点发展金融保险、研发设计、航运物流、先进制造业等产业，构建以生产性服务业为主导的现代产业体系，同时规定了一系列的产业保障和促进制度。三是创新社会治理机制。《条例》要求探索新的社会治理机制，建立基层治理机制和社会矛盾预防、化解机制，鼓励和支持社会组织规范、健康、有序发展。四是创新环境保护机制。《条例》对生态环境保护做了专章规定，分别对生态环境保护、建设规划、围填海项目的环保要求和湿地保护等内容做了具体规定。

### 4. 坚持法治思维，实现立法机制革新

党的十八届四中全会和新修正的《立法法》对当下地方立法工作提出了新的要求。为此，广州市人大常委会及时响应、认真贯彻落实党和上位法的要求，坚持以法治思维和法治方式开展地方立法工作，以创新精神推动地方法治发展。因此，广州市人大常委会创设了一系列符合立法规律、合乎地方实际情况的立法制度。一是制定《基层立法联系点工作规定》，建立了基层立法联系点制度。广州市人大常委会将广州市11个区的人大常委会及其法制工作机构确定为首批基层立法联系点并立即启动运作。二是建立了法规重要条款单独表决制度。广州市人大常委会起草了《地方性法规案重要条款单

独表决规定（草案）》，拟在地方性法规的审议上推行重要条款单独表决制度，并规范了重要条款的具体范围。三是建立了立法协商制度，全面启动立法协商工作。目前广州市人大常委会已经就《科学技术普及条例》《历史文化名城保护条例》两个立法项目和2016年度立法计划建议项目与政协委员、民主党派、工商联、相关无党派人士、人民团体和社会组织等进行了立法协商。四是建立了第三方评估和重大利益调整论证咨询机制，保障法规内容公平合理，切实维护公民、法人和其他组织的合法权益。五是建立了法规案表决前评估制度。选择较为重要的法规案，在市人大法制委员会提出审议结果报告之前，委托第三方机构对法规案中主要制度规范的可行性、法规出台时机、法规实施的社会效果和可能出现的问题等进行评估。

## 二　广州市地方立法工作30年取得的成就

自1986年12月《地方组织法》修订以来，广州市人大常委会在地方立法工作上已经走过了30年的历程。30年来，广州市人大常委会在市委和上级人大的指导下，紧跟国家立法体制改革的步伐，在决策过程中坚持民主，在法规制定中倡导科学，不断在探索中前进、在实践中完善。广州市30年来的飞速发展表明，立法工作是经济发展的助推器，是社会稳定的保险阀，是人民群众广述己见的平台。广州市人大常委会积极开展民主立法、科学立法工作，完善立法制度，拓宽立法领域，提高立法质量，极大地推动了广州市的全面发展，也为广州市经济建设、政治建设、文化建设、社会建设、生态文明建设提供了有力的法律保障。总结30年来的立法成就可以发现，广州市人大常委会始终坚持民主立法、科学立法的原则，同时以"精品"与"良法"意识为主导，以"不抵触、可操作、有特色"为标准，形成了领先全国的立法技术，建立了完整的地方立法体制，打造出具有广州特色的法规体系，引领和影响着我国的法治进程。

（一）党领导立法，把握政治体制改革方向

随着经济、社会的不断发展，以及我国在深化政治体制改革上取得的巨大进步，广州市人大常委会在推进政治文明建设方面，已经从经验总结、工作细化逐步向优化制度设计、引导改革进程、推进政治体制完善的方向发展。特别是在十八届四中全会以后，广州市人大常委会以"民主立法、科学立法"为原则，不断加强政治文明建设、深化政治体制改革，努力提升广州市的影响力。

首先，广州市人大常委会坚持党在政治建设中的领导作用，牢固树立党领导立法、立法推动政治体制改革的理念，坚持从政治上考量立法工作，牢牢把握正确的政治方向，始终服从和服务于党的中心工作，坚守改革发展的大局，紧紧围绕建设"国家重要的中心城市"的目标，使广州市的地方立法真正发挥推进广州市政治建设发展的作用。

其次，广州市人大常委会坚持党对地方立法工作的政治把关。广州市委作为党在广州市辖区内的领导机构，是各项社会主义事业的领导核心，同时也肩负着引领地方改革、明确发展方向的重任。因此，将法规草案报送市委审核，是党领导立法工作的直接体现，是地方立法机关同党保持一致、坚持党的领导的重要保证。广州市委通过对立法机关报送的法规草案、立法计划的审议、讨论，为地方发展指明了正确的方向，确保地方立法机关正确开展社会主义各项事业的建设工作。

最后，广州市人大常委会的立法工作坚持与党和国家的发展规划相统一，并在地方立法中推进、落实党的主张。坚持党领导立法，就要落实十八届四中全会公报精神，恪守以民为本、立法为民理念，贯彻社会主义核心价值观，使每一项立法都符合宪法精神、反映人民意志、得到人民拥护。因此，广州市人大常委会坚持把地方立法工作同党和国家的中心工作联系起来，以立法推动改革，以改革促进社会经济发展，从而在党的领导、地方发展与立法工作之间形成良性互动关系。此外，广州市人大常委会努力将党的主张和政策通过法定程序上升为地方性法规，实现党对地方政治、经济、社会、文化、环境事业的全面领导。

## （二）立改废释工作稳步开展

广州市人大常委会自 1986 年正式开始行使地方立法权，至今共制定、修订、修正、废止地方性法规 300 余件次，目前，广州市现行有效的地方性法规共有 85 件，涉及经济、政治、文化、社会和生态文明建设等各个领域。其中，政治领域的法规有 3 件，占 3.53%，如《广州市地方性法规制定办法》《广州市预防职务犯罪条例》等；城乡建设与管理领域的法规有 50 件，占 58.82%，如《广州市社会治安综合治理条例》等；涉及文化建设的法规有 7 件，占 8.24%，如《广州市历史文化名城保护条例》等；涉及社会建设的有 13 件，占 15.29%，如《广州市社会急救医疗管理条例》《广州市未成年人保护规定》等；涉及环境保护和生态文明建设的法规有 12 件，占 14.12%，如《广州市大气污染防治规定》等。

在法规清理方面，2003 年《行政许可法》实施后，广州市人大常委会除了对法规中的行政许可事项进行全面清理之外，还开展了四次大规模的法规清理活动。一是 2007 年，为了适应国家法律制定和修改的需要，广州市人大常委会及时清理了同上位法相抵触的地方性法规。例如《城市流浪乞讨人员救助管理办法》颁布后，广州市人大常委会就及时清理了广州市地方性法规中涉及"收容遣送"的内容；《行政许可法》颁布后，市人大常委会又立即着手对广州市现行有效的法规进行了全面清理，分两批取消了 71 个许可事项。二是 2008 年 3 月，广州市人大常委会法制工作委员会以"是否符合科学发展观的要求""是否符合上位法的规定""是否适应实际需要"为标准启动法规清理工作。在历时一年多的清理过程中，共废止法规14部，重新制定地方性法规3部。三是2011年6月，广州市人大常委会法制工作委员会为了维护国家法制的统一性，借助《行政强制法》颁布的时机，及时启动了法规清理工作，将广州市现行有效的82件地方性法规正式文本汇编成册，并将其中的行政强制规定全部筛选出来绘制成表格。四是为了全面贯彻党的十八大和十八届三中全会精神，维护社会主义法制统一，广州市人大常委会法制工作委员会启动了法规清理工作，将市人大常委会自行使立法权以来至2012年12月31日以前制定的共81件现行有效的地方性法规全部纳入清理范围，形成了清理结果总报告和实效性问题清理报告、合法性问题清理报告、行政审批问题清理报告、政策性问题清理报告、区划调整问题清理报告等5个清理情况分报告以及1个法规清理建议总表、5个清理情况登记表、81个单项法规清理建议表。法制工作委员会根据清理结果，向市人大常委会主任会议提出了废止、修改或者重新制定的建议。

## （三）经济立法助推城市发展

市场经济的发展，有赖于立法的保障。因此，在广州市经济发展进程中，建立、健全地方经济法规体系，直接关系到广州市经济发展的稳定和速度。从广州市30年的经济立法历程可以发现，每一部经济立法的出台，都体现出广州市人大常委会对经济发展方向、经济体制改革的准确把握。而作为我国改革开放的"排头兵"，广州市在很大程度上引领着全国的经济立法潮流。因此，对经济领域发展方向的精确判断、对市场配置的有效调节、对市场规律的有效预判，成为广州市人大常委会经济立法工作中的难点和重点。从《广州经济技术开发区条例》的制定，到《广州市房地产开发办法》《广州市促进科技成果转化条例》的实施，广州市人大常委会在完善、健全地方社会主义市场机制，引领广州市经济发展过程中发挥着积极的作用。尤其是在缺乏经验借鉴的情况下，广州市人大常委会通过民主参与、实地调研和科学论证等步骤，大胆预判未来经济走势，并结合广州市实际情况，出台了相关地方性法规，以促进市场经济迅速、健康发展。例如，基于1986年制定的《广州经济技术开发区条例》，广州市人大常委会在缺乏有效经验借鉴的情况下，发扬开拓创新、勇于争先的精神，针对经济技术开发区建设中遇到的新情况、新问题，运用法治思维和法治方式，创设了我国第一部经济技术开发区条例，开创了我国经济技术开发区立法的先河，也为我国其他地市的经济技术开发区立法工作提供了借鉴。而在《广州市房地产开发办法》实施之后，广州市房地产业在调整中稳步发展。2004年房地产业实现增加值147.98亿元，同比增长7.0%；全年完成商品住宅投资318.45亿元，同比增长0.4%，占全市房地产开发投资的72.24%；全年商品房施工面积4669.59万平方米，同比增长7.2%；竣工面积1005.46万平方米，同比下降11.8%。房地产市场繁荣，且商品房空置面积下降。由此来看，准确预测地方经济发展趋势，科学制定立法规划，适度超前立法，对地方经济发展有着重要的引导意义。

（四）社会立法促进广州全面发展

社会立法是立法机关的一项重要工作，是坚持以人为本、维护广大人民群众根本利益的集中体现。在立法工作中，坚持把人民群众的需求和愿望作为立法的重要目标，是广州市人大常委会长期以来的工作理念。自1986年获得地方立法权以来，广州市人大常委会在社会领域的立法项目逐年增多。2003年以前，涉及社会管理和民生保障领域的法规只有12件，只占现行有效的地方性法规总数的14%。2003年之后，社会领域立法项目已经增加到25件。特别是近些年来，广州市人大常委会高度重视社会领域的立法工作，将改善民生、造福于民、维护公平、促进和谐作为广州市社会立法的重点，如 2008 年出台《广州市残疾人权益保障条例》《广州市实施〈中华人民共和国工会法〉办法》，2009 年出台《广州市志愿服务条例》，2010 年出台《广州市全民健身条例》、《广州市妇女权益保障规定》和《广州市控制吸烟条例》，2011 年出台《广州市社会急救医疗管理条例》《广州市劳动关系三方协商规定》等。上述法规坚持以人为本，通过法律制度保护弱势群体，促进和谐劳动关系的形成，实现广州市民的福祉。目前，广州市正在实施的《广州市 2012—2016 年度地方性法规制定规划》，围绕"幸福广州"的建设目标，旨在进一步加强和保障公共服务类立法，提升公民在文化、教育、体育、卫生、交通等公共服务方面的便利，全面、高质量地推进社会立法工作。

### （五）文化立法铸就世界文化名城

2011 年，中国共产党广州市第十次代表大会提出"建设世界文化名城"的目标，因此，加强文化立法，推进世界文化名城建设，就成为广州市人大常委会引领和推动文化立法的重要任务。为了进一步保护、弘扬岭南文化，推动广州市文化事业发展，建设世界文化名城，近年来广州市人大常委会先后制定了一系列文化领域的地方性法规。一是为了全面建立覆盖全社会的公共文化服务体系，广州市人大常委会将发展公益文化事业，提升公民文化水平作为文化立法的主要工作，制定并实施了《广州市公共图书馆条例》。该条例的出台，符合广州市关于公共文化建设的要求，满足了公众对知识、信息及相关文化活动的需求，促进了公共图书馆事业的发展，保障了公众的文化权益。二是出台了《广州市文物保护规定》。该项规定的重要目标就是要统一思想，建立公共财政对文物的长效保护机制，避免因政府换届或者领导人的改变而减少对文物保护的投入。该规定明确规定，市、区、县级市人民政府应当将文物保护事业所需经费列入本级财政预算，并按照地方公共财政支出水平，设立文物保护专项资金制度。这也成为《广州市文物保护规定》的重要创新点。三是围绕广州市历史文化名城建设的总体要求，广州市人大常委会通过了《广州市历史文化名城保护条例》。该条例的颁布有利于对物质文化遗产和非物质文化遗产的保护，有助于提升广州文化软实力和综合竞争力，也为广州"建设世界文化名城"的目标奠定了法治基础。

## （六）生态立法保护秀美广州

随着广州市经济社会的不断发展，其环境污染问题也愈加严重，珠江河水污染、大气污染、噪声污染等问题层出不穷。为了解决广州市城市发展与环境保护之间的矛盾，广州市人大常委会于1991~1997年制定了《广州市大气污染防治规定》《广州市环境保护条例》《广州市机动车排气污染防治规定》，从防治大气污染、保护和改善大气环境方面，颁布了全面、有效地缓解城市大气污染问题的一系列措施。特别是1996年《广州市环境保护条例》的出台，明确了广州市环境保护管理的职责分工、环境功能区的划分、建设项目与城市建设的环境管理、污染防治设施的管理、环境监测与监理、自然资源保护等内容，切实加大了广州市环境保护的力度。2001年，广州市荣获"国际花园城市"和"广东省文明城市"称号。目前，广州市已经建立了系统、完备的环保法规体系，从《广州市白云山风景名胜区保护条例》到《广州市固体废物污染环境防治规定》，再到《广州市市容环境卫生管理规定》，广州市人大常委会在环境保护立法上实现了从自然环境到城市环境的全方位立法保障。此外，社会公众对水污染防治问题也较为关注。广州市人大常委会积极回应公众需求，将水污染防治和水环境保护作为立法重点，制定了《饮用水水源污染防治规定》、《水务管理条例》、《流溪河流域保护条例》和《水域市容环境卫生管理条例》，为解决广州市水污染问题提供了系统化的法规保障。在《广州市2012—2016年度地方性法规制定规划》实施期间，广州市人大常委会将环境保护立法工作作为五年规划期间的重要立法领域，制定、修订环境保护法规 12 项，占立法规划项目总数的 21%。正是由于广州市人大常委会关注公众意见，积极开展重点领域立法，坚持环境保护同经济社会发展相协调，才有了当下广州市的良好环境基础。

## 三 广州市地方立法工作 30 年形成的立法机制

地方立法机制是我国立法体系的重要组成部分，它是地方立法机关的设置、立法权划分以及立法权运行方式的总称。自 1986 年《地方组织法》赋予广州市人大常委会地方立法权以来，完善地方立法机制，加速地方立法工作的开展，就成为广州市人大常委会的重要任务。尤其是随着经济、社会的不断发展，以及政治经济体制改革的不断深化，广州市地方立法工作不断自我革新、自我发展，形成了"不抵触、有特色、可操作"的广州立法模式。具体说来，广州市在完善地方立法机制方面主要取得了以下成果。

### （一）合法立法

广州市人大常委会坚持以"合法立法"为原则，严格依照法定权限和程序开展地方立法工作，确保地方性法规不与上位法相抵触。其主要做法如下。

一是改革法规审次制度，将两审制改为三审制。为了提高广州市地方立法质量，早在 2009 年，广州市人大常委会就对牵涉利益主体较多、所涉事项较为重要的法规实行常委会会议三次审议程序。仅 2008 年表决通过的 5 件法规中，就有 3 件进行了三次审议程序。2009 年，广州市人大常委会将这一做法确立为一项固定制度，明确规定"列入常务委员会会议议程的地方性法规案，应当经三次常务委员会会议审议后再交付表决"。这一改革延长了草案审议时间，确保广州市人大常委会有充分的时间对法规草案进行审议，保证了地方性法规的质量。除此之外，凡召开政府部门、市人大代表、市政协委员、行政相对人、市民代表等征求意见座谈会，立法顾问、立法咨询专家论证会，立法协调会，法制委统一审议会议以及开展立法实地调研等，都要邀请常委会组成人员参加，并狠抓制度落实。广州市人大常委会在每年年初都要征求每一位常委会组成人员的意见，编制常委会组成人员参加立法活动安排表，严格按照计划参加相关立法活动，保障了法规的审议质量。

二是通过立法顾问和立法咨询专家论证制度，加强了法规的合法性论证。在立法顾问论证制度的实施上，广州市人大常委会从1999年开始，在广东省地方高校中选择出学术水平较高、立法知识丰富的专家学者，参与到广州市地方立法中来，对立法规划、法规立项和法规草案进行论证。目前立法顾问已对60余件法规进行了论证。而立法咨询专家论证制度同立法顾问论证制度相辅相成、相互补充。从目前立法咨询专家的构成来看，立法咨询专家库的人选以法律专家为主，并努力吸收经济、政治、文化、社会、科技等其他领域的专家学者和实务工作者参与进来。立法顾问、立法咨询专家的参与，确保了广州市人大常委会依法定职权立法，防止了立法的部门化倾向，改变了重权力轻责任的立法失衡现象，实质性地提升了广州市地方性法规的质量。2016年1月，广州市人大常委会通过了《广州市立法顾问工作规定》，详细规定了立法顾问的职责，规范了立法顾问的论证、咨询活动，确保每一项立法咨询都能够显现出应有的价值。

三是实现了法规审议的全程把关。法制工作委员会首先对法规案进行统一审议，每个法规案一般要经过法制工作委员会三次统一审议，对合法性进行严格细致的把关；其次由市人大常委会主任会议对法规案进行审议把关；最后将法规草案报送市委审核，切实做到党领导立法，党委对地方立法把关。由于严格坚持合法立法原则，广州市现行地方性法规不仅不存在与上位法相抵触的情况，而且形成了"不抵触、有特色、可操作"的地方立法特色。

## （二）科学立法

科学立法是现代立法理论的重要原则。我国《立法法》第6条要求，"立法应当……科学合理地规定公民、法人和其他组织的权利与义务、国家机关的权力与责任"。这就要求立法机关在法律条文设置、权利义务规定、权力规制、责任划分上，谨慎地使用自身的权力，并以科学的态度、科学的方法、科学的决策来开展立法工作。在科学立法的制度实现上，广州市人大常委会建立了十项科学立法的制度。一是法规立项论证制度。二是立法计划项目库制度。三是立法顾问论证制度。每届人大常委会都聘请12名立法顾问，制定每一部法规、编制年度立法计划和五年立法规划都举行立法顾问论证会。四是立法咨询专家论证制度。2003年广州市人大常委会建立了立法咨询专家数据库，将本地区各个学科、领域的专家学者纳入数据库，每年进行更新，在库专家有500余人。目前，广州市人大常委会在制定法规的过程中，都会召开立法咨询专家论证会，听取立法专家的意见和建议。五是立法信息汇编制度。广州市人大常委会在制定每一部法规时，都要委托研究机构编辑《专题信息摘报》，为常委会组成人员和市人大法制委员会委员提供丰富的立法信息和参考资料。六是实地调研制度。在法规审议前，常委会组成人员都要到相关部门、单位或者基层社区进行实地调研，掌握实际情况，以便制定出更符合广州实际的地方性法规。七是立法协调制度。在法规制定过程中，广州市人大常委会组织市政府法制办、法规起草单位或行政主管部门、其他各相关行政管理部门召开立法协调会，对法规草案逐条进行讨论和协调。法规草案中存在的争议和疑难问题，均由法制工作委员会提出方案，由常委会做出决定。八是统一审议制度。法制工作委员会负责法规统一审议工作，并采取法规逐条审议、一个法规三次审议的方式，严格为法规的合法性、合理性和可行性把关。九是立法后评估制度。十是法规清理制度。

## （三）民主立法

民主立法是现代立法的重要原则之一，是建立和完善中国特色社会主义法律体系的重要保证。为了提升地方立法的质量，加快地方立法的民主化建设，广州市人大常委会通过多种方式推动社会公众、社会组织参与地方立法，形成了四个立法特点：民主立法方式的多样性；意见征求主体的广泛性；民主立法过程的充分性；民主立法成效的显著性。在此基础上，广州市人大常委会创设了十项引导和推动公众参与地方立法的制度。一是召开专场征求意见座谈会。在法规制定过程中，人大常委会要分别征求管理相对人、人大代表、政协委员、政府相关部门、社会组织、市民代表和区人大常委会等各方面的意见，并组织专场征求意见座谈会。二是书面广泛征求意见。在法规制定过程中，人大常委会要分别发函征求市政府相关部门、市政协社法委、市法院、市检察院、各区人大常委会以及相关社会团体、行业组织的意见。三是在《广州日报》上公布法规草案征求意见。凡是与人民群众利益密切相关的或者比较重要的法规，都要在《广州日报》上公布，公开征求群众意见。而且，在公布法规草案时，市人大常委会一并公布法规草案注释稿，同时刊登重点问题提纲，便于群众提出意见和建议。四是利用网络征集民意。目前，所有的法规草案都会在广州市人大常委会门户网站上公布，公开向社会征求意见。而在制定与人民群众利益关系密切的法规时，还会在互联网著名门户网站上开展民意调查。五是委托社会组织开展立法民意调查。在制定与人民群众利益关系密切的法规时，广州市人大常委会委托广州社情民意研究中心、国家统计局广州调查队等单位进行民意调查，收集来自社会各方的意见和建议，并提出立法民意调查报告。六是举行立法听证会。按照《广州市人大常委会立法听证办法》的规定，在制定涉及市民群众切身利益的法规时，必须举行立法听证会听取公众意见。听证会的陈述人和旁听人通过报纸或互联网公开征集。除设置听证陈述人陈述这一主体程序，还专门设置辩论程序、听证人询问和旁听人提问程序，听证会由广州电视台全程直播，保证了立法听证工作的公平、公正、公开。七是借助羊城论坛收集群众意见。市人大常委会与广州电视台合办的羊城论坛，是广大市民参政议政、公开讨论时事的重要平台。广州市人大常委会借助和利用这一平台，让市民发表对地方立法的意见和建议。八是引导公众有序参与地方立法。广州市人大常委会法制工作委员会于2012年制定了《广州市公众参与地方立法指南》，明确规定公众参与立法的途径、步骤、方法和要求，引导公众在网上查阅法规草案并提出意见。广州市人大常委会还通过立法官方微博、网上调查问卷等方式邀请公众参与立法讨论，倾听民意。九是着力强化立法论证会、座谈会的公开性。在制定涉及市民切身利益的法规过程中，将各种论证会、座谈会向新闻媒体开放。十是建立公众意见采纳与反馈机制。对于公众提出的意见，市人大常委会法制工作委员会在统一审议时均逐条研究，市人大常委会在审议时也会对公众意见进行研究，并对较好的意见予以采纳。在法规正式公布实施后，通过网络、报纸等媒体公开向社会公众反馈立法意见的采纳情况，激励公众持续参与地方立法工作。

## 四　广州市地方立法工作30年的经验

立法经验是关于立法规划、立法技术以及立法规律的知识，是立法机关在长期工作中形成的专业认知。回顾30年来广州市人大常委会的立法工作，大致可以总结出以下几点重要经验。

## （一）坚持党的领导是做好立法工作的根本保证

坚持党的领导，是广州市人大常委会开展立法工作 30 年以来取得的最为重要的经验。正是在党的正确领导下，广州市人大常委会才能坚持民主立法、科学立法，坚持人民当家作主，坚持为改革开放而服务。尤其是党的十八届四中全会以来，广州市人大常委会进一步总结以往的立法经验，坚持把党的领导同民主立法、科学立法、依法治国联系起来，不断加强党对立法工作的领导，完善党对立法工作中重大问题进行决策的程序，健全有立法权的人大主导立法工作的体制机制，为广州市地方立法工作的进一步开展奠定了政治基础。

开展地方立法工作，不仅要尊重立法规律，也要依靠党的领导。党代表广大人民群众的集体意志，在推进科学立法过程中，地方党委基于地方实际情况，更能够科学、合理地判断出人民群众的需求，更能够从国家和地方发展的长远视角上，明确地方立法的方向。相较于无序立法、盲目立法、重复立法等现象，党的领导更能够集中地方立法的核心力量，维护宪法和法律权威，保证国家法制统一，明晰全国人大与地方人大之间、不同地方人大之间的立法差异，确立地方立法的核心价值理念，完善立法评价机制，创造出具有先进水平和地方特色的地方性法规。总体来讲，地方立法决策需要在党的领导下，发扬解放思想、实事求是、与时俱进、开拓创新的精神，准确把握地方立法的基本规律，树立党在立法工作中的核心地位。

党作为中国特色社会主义事业的领导核心，把握社会主义法治国家建设的方向，保证立法决策的科学性和先进性。因此，坚持党的领导，是精确把握当下社会实际情况以及公众需求的重要保证。在地方立法工作中，广州市人大常委会始终坚持的领导，服从党的决定，贯彻党的意志，在每一个立法工作的细微之处贯彻党对立法工作的全面领导。坚持党的领导，尤其是坚持党在地方立法工作中的指引作用，是实现我国社会主义民主法治的重要原则。实现党对立法工作的领导，应当有步骤、有计划、全方位地贯彻落实党的领导地位。

### （二）领导的重视与支持是开展立法工作的重要保障

广州市委及领导对立法工作的重视和支持是广州市地方立法工作得以顺利开展的重要保障。广州市人大常委会在广州市委和上级人大的领导下，以民主立法、科学立法为原则，建立起了完备的地方性法规体系，形成了一系列全国领先的立法技术和制度，取得了令人瞩目的成绩。尤其是在领导的重视与支持下，广州市人大常委会建立健全了人大代表和常委会组成人员全程参与立法的机制，定期召开主任会议，部署立法工作。法制工作委员会从2011年起，就将常委会组成人员参与法制工作委员会的立法活动作为一项制度固定下来，有效地提高了法规的审议质量。

此外，常委会领导严格遵守立法规律，在专项调研和专家座谈的基础上，积极采取立法改良措施，确保常委会在地方性法规审议中的高效性和优质化。例如，2010年，广州市人大常委会在常委会领导的关注和指导下，出台了《广州市人大常委会关于确保常委会会议质量的意见》，提升了会议出席率和审议意见的针对性、可操作性，从制度层面进一步完善了广州市立法工作。除此之外，常委会领导在人、财、物等资源配置上大力支持地方立法工作。受审次制度改革的影响，单项法规的审议时间在原来二审基础上，延长至三审，立法任务进一步加重。为了确保民主立法、科学立法工作的顺利开展，常委会领导一方面配置充足的人员，服务于立法调研、立法听证工作；另一方面保证了立法工作经费的充足，如专家论证费、调研费等。正是在常委会领导的关心与指导下，广州市地方立法工作才得以顺利开展。这也为"法治广州"的建设提供了强有力的后盾。

### （三）发挥人大的主导作用是加强立法工作的核心

广州市人大常委会自 1986 年行使地方立法权以来，始终坚持人大在立法中的主导作用。首先，在立项和实施年度立法计划中发挥人大的主导作用。立项是立法工作的起点，是实现地方立法引领和推动作用的前提和基础。为规范和加强地方性法规立项工作，增强立法项目的针对性和实效性，广州市人大常委会于 2012 年 7 月制定了《广州市地方性法规立项办法》，实现了人大主导地方立法的制度化、规范化。其次，在法规草案论证、修改、审议过程中发挥人大的主导作用。要保障人大主导立法工作，防止法规中出现部门利益倾向，维护公民、法人和其他组织的合法权益，确保法规的公平合理、切实可行，就必须在法规草案的论证、修改、审议过程中发挥人大的主导作用。广州市人大常委会通过建立法规立项论证制度、立法计划项目库制度、立法顾问论证制度等十项制度，并在充分听取社会各界意见、实地论证的基础上，自主完成了法规草案的论证、审议和审查工作，确保人大在地方性立法中的主导地位。最后，坚持以立法评估、法规监督等方式实现人大的主导作用。广州市人大常委会对于法规不是一立了之，必须建立法规的跟踪调研和动态修改机制，保持法规的社会适应性，这也是人大发挥立法主导作用的重要职责。为此，广州市人大常委会十分注重立法后评估和法规清理工作，并将其作为发挥人大立法主导作用的重要方式。

### （四）开展立法质量评估是提高立法质量的关键

坚持民主立法、科学立法，提高立法质量，离不开立法质量评估的标准化、体系化。以《广州市人大常委会立法后评估办法》为主体的立法质量标准体系，按照评估标准的不同，确立了以下六个方面的质量评价标准。（1）合法性，包括法规是否设定了地方性法规无权设定的行政许可、行政强制、行政处罚；是否增设了违反上位法的行政许可、行政强制、行政处罚；是否增设了违反上位法的行政许可、行政强制条件；是否突破了上位法规定的行政处罚的幅度；其他内容是否与法律、行政法规、省的地方性法规的规定相抵触，是否超越立法权限。（2）合理性，包括法规内容是否符合客观实际、具有地方特色；是否符合公平、公正原则，行政执法机关和行政相对人的权力与责任、权利与义务是否合理、平衡；管理制度、措施是否必要、适度；行政程序是否正当、合理、公开透明；法律责任规定是否完备，是否与违法行为的事实、性质、情节以及社会危害程度相当等。（3）操作性，包括法规规定的管理体制是否适应客观实际需要、是否具有现实针对性；管理制度、措施是否明确、完备、可行；行政程序是否易于操作、畅顺、快捷、便民；实施性的法规对上位法的补充规定是否细化具体、是否可行等。（4）实效性，包括法规确立的管理体制、主要制度机制、管理措施是否有效管用、能否解决实际问题；行政程序是否实现了畅顺、高效、便民；法规实施的人力、财力等成本支出与实施效益之间的比例关系是否适度；法规的实施是否达到预期目的等。（5）协调性，包括法规内容与本市其他相关地方性法规是否存在冲突或者不一致；各种制度及相关程序是否互相衔接、是否存在冲突；要求建立的配套制度是否已经建立等。（6）规范性，包括法规设定的法律规范的构成要素是否完备、明确，对不同类型法律规范的表述是否符合相关技术要求；概念界定是否准确、周延，语言表述是否准确、规范、简明，逻辑结构是否清晰、严密，是否便于理解和执行等。

广州市人大常委会所建立的立法质量标准体系在以下三个方面达到了全国领先水平。一是建立了立法论证制度。立法论证制度是保证立法科学性、提升立法质量的重要措施。它是在立法之前对法规的可行性和必要性进行的论证工作。广州市人大常委会在全国范围内率先制定"立法顾问论证制度"和"立法咨询专家论证制度"，并努力吸收经济、政治、文化、社会、生态环境保护等领域的专家学者和实务工作者参与到地方立法中来，实质性地提升广州市地方立法的质量。二是建立了公众参与立法的技术性指南。公众立法参与度的高低是衡量一个国家法治建设程度的重要标尺，是判断立法质量高低的重要因素。广州市人大常委会在 30 年的立法实践中，一直重视公众意见在地方立法中的作用，并将公众需求、公众满意度以及公众参与地方立法的方式作为广州市地方立法改革的重要指标。其中，网络立法听证会与网络民意调查等方式也开创了我国公众参与地方立法的先河。三是建立并完善了立法后评估技术。立法后评估技术及其制度化建构是广州市人大常委会的重要创新。广州市于 2011 年首次采用量化评估方法开展立法后评估工作，并于 2012 年 9 月率先制定了《广州市人大常委会立法后评估办法》。该办法对评估组织、程序、方式和量化评估指标体系等内容做了全面、具体的规定，从而在法规层面上确定了量化评估指标体系的权威性、有效性，提升了广州市立法的科学性。

## （五）突出地方特色是增强立法实用性的基本途径

地方性法规是中国特色社会主义法律体系的重要组成部分，但地方性法规既不应当是国家法律、行政法规的简单翻版，也不应照抄照搬其他省、市的法规，而是应当根据本地实际情况，因地制宜地制定。同时，"有特色"不能作为一种形式上的追求，不能摆花架子装门面，体现特色的内容必须合法管用，能够产生实际的效益。广州市人大常委会在制定地方性法规的过程中总结出以下经验。一是在国家尚未立法的领域积极开展先行立法和自主立法，敢于先行先试、开拓创新。这两种类型的立法，对地方实际情况的要求较高，立法机关的自由裁量空间也较大，容易形成独具特色的地方性法规。二是针对上位法已经做出规定、需要细化处理的立法，要注意本地实际情况同上位法具体规定的衔接。在不违反上位法规定的情况下，可以大胆地进行制度创新。

### （六）建设高素质的立法专业队伍是开展立法工作的基础

地方立法工作是极其重要的地方决策工作，这一性质决定了地方立法必须有一支高素质的专业队伍。地方立法工作的重要性要求广州市人大常委会必须拥有一支有能力、有力量、乐于奉献的专业团队。仅靠三五个人去完成当下的地方立法工作，显然是不可想象的，也是不切实际的。目前，广州市人大常委会也和其他不少地方机关一样，积极向编办争取编制，并得到市编办的大力支持，人员配置由一个办公室增加至四个处室，立法队伍的规模在设区的市名列前茅。编办特别强调争取编制要有全国人大常委会关于立法机构和人员编制的文件，贯彻全国人大常委会领导的有关讲话精神，强调立法队伍的扩大要于法有据。因此，地方立法机构和人员编制的增加，不仅要符合实际情况、实际需求，还要在法律上有所依据。同时，广州市人大常委会也十分注重立法队伍的成长和培养。通过定期或不定期的立法业务培训，广州市立法机关已经彻底改变了地方立法工作人员数量严重不足、素质不高的现状，逐渐打造出一个高素质的地方立法专业队伍。

## 五　广州市地方立法的未来展望

历经30年的发展，广州市已经形成了具有地方特色的法规体系。回顾广州市地方立法的巨大成就，总结其中的经验教训，展望新时期地方立法的主要任务，既是广州市人大常委会尊重立法规律，开展科学立法、民主立法的重要任务，也是进一步加快广州市法治建设、完善地方性法规体系的必然要求。尤其是在党的十八大和十八届三中、四中、五中全会以及《立法法》（修正后）对立法工作提出的新要求的前提下，坚持党领导立法，努力加强人大在立法工作中的主导作用，切实提高立法质量，就成为广州市人大常委会未来一个时期内的中心任务。为此，广州市人大常委会将在以下几个方面开展立法工作，助推广州市政治、经济、社会、文化、环境等事业的全面发展。

## （一）围绕党的工作重心，加强重点领域立法

中国特色社会主义法治国家的建立，离不开党的领导。党的十八届四中全会公报明确提出，要"完善立法体制，加强党对立法工作的领导，完善党对立法工作中重大问题决策的程序，健全有立法权的人大主导立法工作的体制机制"。因此，无论是立法工作的开展，还是人大主导立法，都要坚定党在立法工作中的领导地位。坚持党的领导是我国立法工作得以顺利进行的政治保证。地方立法机关在立法工作中，要紧密联系党的路线方针政策，将党在治国理政上的主张通过法定程序上升为地方性法规。地方立法机关也要积极向地方党组织汇报工作，主动接受党的领导。比如在立法规划制定过程中，地方立法机关不仅要听从党委对立法事项的意见和建议，也要在立法规划制定完成之后，报送地方党委审查，接受党委监督。30年的立法经验告诉我们，广州市人大常委会围绕市委工作的开展，依照宪法、法律的规定，在法定职权范围内从事立法活动，努力将党的主张上升为法律意志，强化党对立法工作的领导，是地方立法机关提升地方立法质量的重要保证。

党领导立法，是对地方立法机关以民为本、民主立法内涵的领导，是对立法理念、立法精神的领导，是对立法方向的总体把关，也是对立法工作的监督。尤其在地方政治、经济、社会、文化、生态环境建设等重点领域的立法上，党对立法工作的领导，要更加注重党的路线方针政策同地方实际的结合，切实做到党的意志同地方发展需要相衔接、融合。在立法工作的开展上，地方立法机关应当坚持党的基本主张，通过法治思维和法治方式调整社

会关系，应对利益格局和社会结构的变化，将党在治国理政上的工作重心纳入立法工作，维护党的领导，健全法律法规保障，促进地方全面发展。

## （二）发挥人大主导作用，全盘统筹地方立法

党的十八届四中全会提出，要"健全有立法权的人大主导立法工作的机制"，发挥人大及其常委会在立法工作中的主导作用。新修正的《立法法》对健全人大主导立法工作的体制机制也做了明确规定。市人大常委会要按照十八届四中全会和《立法法》的要求，在立项、起草、论证、修改、审议等各个环节充分发挥主导作用，加强组织协调和综合把关，努力提高立法质量。这就要求广州市人大常委会坚持以下几点。一是要坚持对法规立项的主导。过去，广州市编制年度立法计划主要是由市人大常委会向市政府和相关单位发函征集立法建议项目，法制工作委员会根据立项标准对相关单位申报的建议项目进行立项论证，将符合标准的项目（大多数是政府提出的建议项目）列入年度立法计划草案。这种做法虽然也是由人大主导，但主导得不够，立法计划项目基本上是各建议主体报什么就定什么，市人大常委会没有做好宏观统筹、确保重点的工作。在党的十八届四中全会以后，法制工作委员会紧紧围绕全市中心工作，对立法计划项目进行统筹谋划、全盘考虑、突出重点，对政府部门和其他建议主体没有申报的重要项目，要主动"点题"，没有草案的，要及时安排相关单位组织研究和起草。二是要坚持对法规内容的主导。广州市人大常委会各工作机构要在充分听取社会各界意见、调研、论证、协商、协调的基础上，按照立法质量标准体系的要求，自主地对法规草案内容进行判断、取舍和修改。三是要坚持对立法过程的主导。法制工作委员会要严格执行年度立法计划和立法计划项目库制度，督促有关部门按时完成起草工作，按时向人大常委会提请审议法规案，确保全年立法工作任务的顺利完成。近几年来，由于建立了立法计划项目库制度，过去长期存在的

不能按时提案导致年度立法计划不能按时完成的问题已基本解决，但目前仍然存在政府提案项目不能按时向市人大常委会提交的问题，甚至某些审议项目也不能按时提案。对于上述问题，法制工作委员会和常委会其他工作机构应当与市政府法制办和其他相关部门进行密切联系、沟通和协调，形成整体合力，保障立法项目的顺利推进。

### （三）发挥立法的引领和推动作用，助推改革发展

立法在地方发展中的推动作用，是通过法律关系预设、规范指引、主体规制以及责任追究的方式来实现的。当下广州市已经步入改革的深水区，如何进一步保障地方经济建设的平稳、社会秩序的稳定、改革的深化，成为立法机关开展立法工作所面临的新任务。为此，新时期广州市立法工作的开展，必须高举改革与发展的大旗，发挥立法在地方发展中的引领与推动作用，为广州市经济社会发展提供法规指引和保障。但地方立法的指引作用，不同于国家立法，其更注重地方的实际情况。首先，注重立法与改革决策相衔接，明确地方在改革发展上的总体方向。新修正的《立法法》将发挥立法的引领和推动作用写入立法目的条款中，并强调立法要与改革相衔接，坚持在法治框架内推进改革。目前，广州市人大常委会正在抓紧编制《广州市2017—2021年度地方性法规制定规划》，并紧紧把握"立法为改革服务"的宗旨，用立法的形式助推广州市未来经济社会的发展，这种做法值得肯定。其次，关注地方实际情况，通过地方立法明确广州市政治经济社会改革发展的实现路径，以地方性法规的规范性将市委的改革思路和发展规划贯彻下去，统一发展思想，明确改革方向。最后，通过协调立法与改革的关系，突破改革的障碍。地方立法涉及众多部门的协作问题，例如立法机关同执法机关、司法机关的职权分配问题。为了有效规范各个职能部门的职能，广州市人大常委会应当在党委的领导下，发挥组织协调作用，积极平衡和整合各

权力机关的关系，建立人大主导地方立法的新局面，落实地方改革的总体目标。

### （四）完善科学立法、民主立法机制，进一步提高法规质量

科学立法、民主立法是我国长期立法工作进程中总结出来的一条基本立法规律，体现了全国人大与地方人大锐意进取、开拓创新、不断发展的决心和精神。面对新时期的立法要求，当下广州市的地方立法工作应当坚定科学立法、民主立法的精神，坚持"精品""良法"意识，进一步完善科学立法、民主立法工作机制。具体来说，广州市人大常委会要坚持从以下两个方面把握立法工作的重点。一方面，要注重立法工作中民主的广泛性。我国《宪法》第2条规定："中华人民共和国的一切权力属于人民……人民依照法律规定，通过各种途径和形式，管理国家事务，管理经济和文化事业，管理社会事务。"可见，民主方式的多样化是人民参与国家事务、社会事务的直接体现，充分显现出人民当家作主的国家性质。广州市人大常委会要注意拓宽民主的广泛性，既注重公开征求人民群众的意见，又要针对法规的具体内容向有关机关、组织专门征求意见。另一方面，要以科学立法为原则，提高地方立法质量。立法是否科学，取决于立法项目的选择是否正确，法规立项论证是否充分，立法过程是否民主，立法效果是否良好。为此，坚持科学立法，必须确定科学的立项审查原则和标准，实现科学立法的制度化建设。科学立法必须有制度保障，没有制度保障，随时都可能出现主观随意、偏离现实基础和客观规律的问题，从而难以真正提高立法的质量。目前有关科学立法的制度，以《立法法》明文规定的程序为主，而真正实现科学立法的制度化、规范化操作，尚需要继续研究。广州市人大常委会应当在推进科学立法的制度化、可操作性、可评估性等方面积极探索，争取率先在全国范围内制定出推进科学立法的具体办法。

### （五）强化法规权威，注重法规监督

"天下之事，不难于立法，而难于法之必行。"言下之意，法律的生命在于实施，而且要得到良好的实施。立法机关的工作并非止于立法，关注立法的质量及其实施效果同样是立法机关的职责所在。因此，广州市人大常委会在强化法规权威、提升立法效果方面，必须进一步完善法规跟踪评价机制，保证法规的社会效果，这也是人大发挥立法主导作用的重要体现。为了切实保障广州市地方性法规的有效实施，广州市人大常委会正在抓紧制定《广州市人民代表大会常务委员会监督地方性法规实施办法》。根据该办法，法规实施的监督方式主要包括听取、审议法规实施准备情况报告、法规实施情况报告和法规适用情况报告，执法检查，专题询问，满意度测评，立法后评估以及其他监督方式。

广州市人大常委会在30年的立法进程中，建构起一整套立法监督制度，用于规范和管理行政行为，如"规范性文件主动审查机制""法规监督听证会"。这些制度除了保证法规制定前以及制定过程中的合法性、合理性之外，还涉及法规监督问题。规范性文件主动审查机制是广州市人大常委会在法规监督工作中的一大创举。早在《立法法》修正（2015年）之前，广州市人大常委会为了进一步加强规范性文件审查工作，强化市人大常委会的法规监督职能，在总结地方性法规监督实践的基础上，率先制定了《广州市人大常委会规范性文件主动审查办法》，并于2013年启动规范性文件主动审查工作，对《广州市学校安全管理规定（试行）》、《广州市城乡居民社会养老保险试行办法》、《关于全面推进餐饮业环境管理进一步强化污染综合整治的意见》、《关于解决生产经营场所场地证明若干问题的意见》和《广州市农村村民住宅规划建设工作指引（试行）》等5件涉及市民群众切身利益、社会普遍关注的规范性文件进行审查，规范了行政主管部门的执法行为，推进了相关领

域的政府机构改革。

此外，为了进一步推进政治体制改革、规范地方行政行为，广州市人大常委会在充分论证、调研的基础上，将公民参与地方立法、行政行为效果评估以及立法监督三项工作紧密结合起来，首次在全国举行"法规监督听证会"，即2003年12月，广州市人大常委会关于《广州市城市市容和环境卫生管理规定》执法情况的监督听证会。会议期间，广州市市容环境卫生行政主管部门回答了人民群众广泛关心的问题，并形成了《关于〈广州市城市市容和环境卫生管理规定〉执行情况监督听证会的情况报告》和《关于广州市人民政府执行〈广州市城市市容和环境卫生管理规定〉情况的监督意见》，这成为广州市乃至全国地方性法规监督工作的一项创举。

建立和完善地方立法工作机制是一项长期的任务。在中国特色社会主义法律体系形成后的新形势下，这一任务显得更加迫切和繁重。广州市人大常委会要始终坚持合法立法、民主立法、科学立法这三大原则，继续大胆探索、努力创新，力争在完善地方立法工作机制方面取得新的突破，为进一步提高地方立法质量、完善中国特色社会主义法律体系做出贡献。

# 第二章　我国立法的实验主义进路

> 有的法规地方可以先试搞，然后经过总结提高，制定全国通行的法律。[①]
>
> ——邓小平

立法作为一种国家代议机关创制、认可或变动社会规范的活动，其理念受到政治、经济、社会和文化等多种因素的影响。立法理念的不同也就导致了不同立法进路的出现，例如美国与英国的"进化（或经验）主义立法进路"、法国与德国的"建构主义立法进路"。[②] 反观我国改革开放以来的立

---

[①] 《邓小平文选》（第二卷），人民出版社，1994，第147页。

[②] 进化（或经验）主义法律观认为，人类理性不足以设计出完美的法律，法律的出现与发展都是社会自身规则的体现。英美等国多采用该种立法进路；而建构主义法律观则认为，法律是通过人类理性设计的产物，制度的制定与重构都是人类理性的体现，欧洲大陆国家多采用此种进路。参见袁曙宏等《公法学的分散与统一》，北京大学出版社，2007，第106页。此外，关于法律进化论的相关研究，参见〔日〕穗积陈重《法律进化论》，黄尊三等译，中国政法大学出版社，1997。关于"建构论唯理主义"的论述，参见〔英〕哈耶克《法律、立法与自由》（第一卷），邓正来等译，中国大百科全书出版社，2000。

法实践可以发现，由于在社会主义法治建设上缺乏经验借鉴，我国实际上并未遵循上述两种进路，而是遵循了一种"实验主义"的立法进路，即一种"在不确定条件下当事人学习、模仿、试错和创新活动中共同知识与信念的形成、演化的结果"。[①] 该种进路的选择是由我国法治建设的基本国情所决定的，"立法者或将非职权立法权范围内的立法事务委托于有权机构自主挖掘，或将法律草案中的假设先置于群众中去证伪，或将移植、理性建构的制度在选定的地区试运行……的自发性立法进路"。[②] 改革开放40多年的立法实践证明，这种立法进路对加快我国法治化进程具有巨大的促进作用。同时，随着国情的变化与法治阶段的不同，实验主义立法进路在我国法治建设中的作用正逐渐降低。尤其是在中国特色社会主义法律体系已经形成的前提下，我国实验主义立法进路能否继续适应我国法治建设的需要就成为一个重要的问题。为了更为清晰地阐述我国立法的实验主义进路及其问题，现以土地立法为例，对实验主义立法进路加以剖析。

## 一　体制改革及土地立法实验主义进路的确立

自1978年改革开放以来，伴随着经济体制的转变，土地作为一种资源，愈加展现出其自身的价值。但是，我国的土地法治建设在"文革"时期遭受严重的破坏，当时的土地立法并不足以支撑经济体制变革的需要，同时我国的立法机关亦不具备高水平的立法能力。因此，实验主义的立法进路成为改革开放之初乃至其后40多年我国立法进路的必然选择。虽然实验性立法存

---

[①] 左卫民：《通过试点与实践推进制度创新——以L县检察院附条件不起诉的试点为样本》，载《四川大学学报》（哲学社会科学版）2011年第5期。

[②] 安晨曦：《在经验与规范之间：试验立法及其类型化——一种立法进路的提倡》，载《北方法学》2015年第3期。

在合理性、科学性、计划性等方面的不足，[①] 但在我国法律体系尚未完备的前提下，选择实验主义的立法进路亦表现出历史选择的必然性。

### （一）我国土地法治建设欠缺内在法治基因

改革开放初期的土地立法既承担着为市场化经济体制提供法律保障的重任，同时也面临以公有制为基础的土地制度经验匮乏的困境。土地立法的质量高低直接决定了我国经济建设和社会发展的平稳与否。因此，选择何种形式的土地立法进路就成为关系国家稳定大局的重要问题。

在法治发展长期处于弱势的情况下，希求我国社会内部自行衍生出土地制度变革的力量，进而推动土地立法、迎合经济体制改革的愿望是不切实际的，也是断无可能的。[②] 倘若贸然进行土地立法，"由于实践检验的匮乏，容易导致法律设计与社会转型需要相脱节的局面，不但未起到合理疏导社会关系的作用，反而打乱原有秩序的稳定、给社会生活带来更多的资源消耗并引发法律执行危机"。[③] 因此，在前期土地立法无法提供有效借鉴的情况下，追寻一条全新的土地立法进路——实验主义立法进路就成为顺应改革潮流的必然选择。1978 年后开始的改革开放政策为实验主义的土地立法进路提供了全面的支持：一是政府主导的政治经济体制改革为经济发展提供了一条自上而下的变革力量，实验主义的立法进路在上层建筑层面获得了充足的政治支持；二是市场化经济运作模式有效地缓解了资源供需的紧张关系，刺激社会公众积极投入经济体制的市场化中，公民对经济法治的需求淡化了实验主

---

① 有学者将地方以实验形式进行优先立法的权力类型称为"先行立法权"。参见于兆波《从〈立法法〉看地方先行立法权》，载《法学论坛》2001 年第 3 期。

② 市场经济是现代法治产生的社会经济条件，所以，在我国尚未确立市场经济体制的前提下，从中国传统法律文化中寻求现代法治的基因是极难的。参见朱景文《对西方法律传统的挑战：美国批判法律研究运动》，广西师范大学出版社，2004，第 340 页。

③ 秦前红：《宪政视野下的中国立法模式变迁——从"变革性立法"走向"自治性立法"》，载《中国法学》2005 年第 3 期。

义立法进路的不理性因素；三是土地公有制的所有制形式缺乏成功的经验借鉴，为保证国家体制的稳定性，完成社会主义现代化建设的根本任务，立法者只能采取平稳的、渐进式、试错型的实验主义立法进路。

## （二）域外经验对本土土地立法的冲击

我国土地立法的改革主要受到经济体制转型的影响，改革的过程中需要借鉴、移植域外先进的立法经验。但是，"法律移植中最关键的是制度精神的统一，而非简单的名称对接"。① 因此，我国的土地制度改革对域外土地立法经验的移植需要承受多方面的考验。一方面，土地制度改革承受着国际政治、经济、文化的压力。土地公有制作为社会主义国家与资本主义国家最大的区别之一，其改革直接影响着社会主义制度的长期发展。另一方面，在吸收、借鉴西方国家先进立法经验的过程中又承受着"试错"风险。西方国家的法律制度移植到社会主义国家能否获得同样的成功，是我国进行土地制度移植的重要隐忧。虽然域外立法经验移植能够有效减少我国土地制度改革的时间和立法成本，但是法律移植所带来的"试错"风险是不能避免的。另外，由于西方国家"建构理性主义"和"进化理性主义"两种立法进路对时间和经验的需求过高，遵循该两种立法进路只能导致我国土地制度改革承受更大的风险和损失。所以，我国的土地制度改革不能等待法律和经济自发地形成回应机制，进而在经验总结的基础上推动土地制度改革，而应当采取一种稳妥的、渐进式的实验主义立法进路，逐步引导土地制度改革向立法预设的方向演进。

---

① 李凤章：《法律移植，移植什么？——以土地所有权的中国命运为中心》，载《法律科学（西北政法大学学报）》2009 年第 6 期。

## （三）立法为改革服务

在改革开放的 40 多年里，我国立法工作一直是以"改革助推器"的形式存在的。改革转向何方就意味着立法应当随之作出调整，否则就将面临"有法难依""法律虚无"的状况。政治经济体制改革的实验性决定了土地制度改革的法律实现同样会表现出一定程度的权变性，即便不是以一种机会主义的姿态出现，也会在立法方面呈现出某种不可预测性。因此，我国立法机关在应对土地制度改革上，必将因社会的动荡性而付出某些代价，如立法的理性因素弱化，制度建构的经验性因素由前置条件转化为后续制度性补充，长远目标的不确定性导致立法语言的模糊性。但是与建构主义立法进路和进化主义立法进路相比，实验性立法"以'试验'的名义向地方让渡了中央的部分职权，使地方在完善市场经济的探索中拥有更大的自主权"，① 并且有利于减少社会转型所带来的损失。实验主义立法进路所具备的平稳式、渐进性特征不仅能够解决法律频繁变革所带来的威慑力不足问题，也能够及时调整制度改革方向和制度建构类型。可以说，实验主义立法进路能够顺应社会改革的潮流，以服务改革为目标，降低理性因素与经验因素的前提性需求，以期能够在改革中逐渐完成"试错"与"求真"的目的。

土地制度改革遵循一种实验主义进路虽然是历史的必然选择，但也是我国法治发展过程中的无奈之举。"就改革方式的选择而论，最根本的问题不是什么在理论上是最优的，最有效率的，而是在现实生活中，什么是可以接受的……能够实现真正的、实际的体制变迁的。"② 在我国政治经济体制改革尚未确定、法律体系尚未形成的前提下，改革开放以来 40 多年的立法只能遵循这种实验主义的进路，并且实验主义进路的立法表现也呈现出多种形态。

---

① 沈翀、皮曙初：《国家"试验新区"之争》，载《瞭望新闻周刊》2007 年第 13 期。
② 樊纲：《渐进改革的政治经济学分析》，上海远东出版社，1997，第 154~155 页。

## 二 中国土地立法的实验主义表征

土地制度改革既是政治体制改革的组成部分，也是经济体制改革的组成部分。因此，"中国的土地制度，是中国社会、经济、政治的根源。中国的治乱，基于土地制度的兴废，国民生活的安危，也基于土地制度的整理与否"。① 原因在于土地制度改革的目的是对土地公有制的所有制形式进行局部的市场化调整，这种调整既要保证土地的公有制形式不受影响，又要满足市场经济对土地资源的需求。因此，国家立法如何引领中国土地制度改革就成为摆在立法机关面前的一道难题。综观改革开放以来的土地改革成就，实验主义进路的土地立法在土地制度改革的每一个阶段都扮演着极其重要的作用，并且这种实验主义进路表现出多种形式。

### （一）授权立法的实验主义进路

授权立法的实验主义进路主要是通过全国人大及其常委会对国务院和地方立法机关的授权立法来实现的。改革开放以来，全国人大及其常委会共作出 8 次授权决定。除 1983 年、1984 年 ② 和 1985 年授权国务院立法的决定外，还分别作出了授权广东省、福建省、海南省、深圳市、厦门市、汕头市和珠海市人大及其常委会制定经济特区法规的决议（或决定）。其中，1985年的《关于授权国务院在经济体制改革和对外开放方面可以制定暂行的规定或者条例的决定》和 5 个地方性授权决定（或决议）关涉土地制度改革的内容。就授权立法的实验性而言，"授权立法是就最高立法机关尚未制定法律的事项或者在不违背宪法规定、法律（行政法规）原则的前提下制定变通规

---

① 〔日〕长野郎：《中国土地制度的研究》，强我译，中国政法大学出版社，2004，原序。
② 2009 年 6 月，第十一届全国人大常委会第九次会议决定废止 1984 年对国务院的授权。

定，具有试验性质。授权立法事项，经过实践检验，条件成熟时，由最高立法机关制定法律"。① 例如，国家土地管理局在全国人大尚未就土地权属争议问题作出明确法律规定的前提下，为了有效解决日常生活和土地流转中因权属不明引发的土地争议问题，于 1996 年制定了《土地权属争议处理暂行办法》。经过 7 年的实践检验，该暂行办法的实际效用得到了广泛肯定。因此，国土资源部于 2003 年以"废止"的方式取消了《土地权属争议处理暂行办法》的"暂行"形式，代之以《土地权属争议调查处理办法》。

## （二）暂行法转向正式法的实验进路

暂行法是我国特有的一种法律形式，它是指有立法权的国家机关针对特定事项制定的、具有法律效力的临时性法律文件。暂行法"是正式立法前的试验性立法。某些社会关系急需法律调整，但立法者对此尚无足够经验，便采用暂行法的方式加以临时规定，待经验成熟后再制定正式立法"。② 因此，根据施行范围和时间的不同，暂行法可分为暂行性法律文件、试行性法律文件两种。在我国的土地立法中，暂行性法律文件往往以"暂行规定""暂行条例""暂行办法"的形式存在，而试行性法律文件则以"×××法（试行）"、"×××规定（试行）"、"×××办法（试行）"和"×××试行办法"等形式存在。从立法目的来看，这种立法进路表现出极强的工具主义特征。工具主义法学并不追求拟制定法律与现行法的一致性、融洽性，而是"放眼于未来并促进立法者和法官思考：现在能做什么来改变未来？与实质目标（来源于大众的需求和利益）相关的是什么？哪些法律规则可以促成此目标"。③

---

① 曾祥华:《试论授权立法的法律冲突及其解决途径》，载《西安建筑科技大学学报》2004年第 2 期。

② 孙国华主编《中华法学大辞典（法理学卷）》，中国检察出版社，1997，第 500 页。

③ 〔美〕萨默斯:《美国实用工具主义法学》，柯华庆译，中国法制出版社，2010，第 78 页。

所以，实验主义立法进路表现出更多的目标理性。

暂行法作为我国实验主义立法进路的典型形式，在土地立法中也占有极其重要的地位。北大法宝数据库的统计显示，以"土地""暂行"为统计依据的暂行法有 737 部，其中，中央法规与司法解释 64 部，地方法规规章 673 部；以"土地""试行"为统计依据的暂行法有 342 部，其中，中央法规与司法解释 36 部，地方法规规章 306 部。[①] 为了更为清晰地说明实验主义立法进路在我国土地制度改革中的作用，现仅以暂行性法律文件为例来加以详细分析（见表 2-1）。

表 2-1　暂行法的表现形式及效力状态

| 制定时间 | 制定主体 | 法律名称 | 状态 |
|---|---|---|---|
| 1990 年 | 国务院 | 《城镇国有土地使用权出让和转让暂行条例》 | 现行有效 |
| 1988 年 | 国务院 | 《城镇土地使用税暂行条例》 | 被《国务院关于修改〈中华人民共和国城镇土地使用税暂行条例〉的决定》（2007 年）修订；被《国务院关于废止和修改部分行政法规的决定》（2011 年）修改"第 9 条"；被《国务院关于修改部分行政法规的决定》（2013 年）修改"第 7 条" |
| 1994 年 | 国土局、国家体改委 | 《股份有限公司土地使用权管理暂行规定》 | 已被《国土资源部关于停止执行部分规范性文件的通知》（2003 年）停止执行 |
| 2000 年 | 监察部、人力资源和社会保障部、国土资源部 | 《违反土地管理规定行为行政处分暂行办法》 | 已被《违反土地管理规定行为处分办法》（2008 年）废止，实则是取消"暂行"形式 |

资料来源："北大法宝"数据库。

---

[①]　由于检索词的限制，该数据为保守统计，土地制度改革中实验性立法的数量要远远多于数据显示的数量。

土地制度改革中的暂行性法律文件主要通过四种方式体现实验主义立法进路。

一是以"暂行"方式维持自身的法律效力，如表 2-1 中的《城镇国有土地使用权出让和转让暂行条例》。这是一种相对理性的实验方式，"暂行"的时间视法律效果而定。在缺乏外部环境刺激或者制度运行状况获得普适性价值之前，城镇国有土地使用权出让和转让制度会以"暂行"方式维持自身的实验状态。[1]

二是"试错式"实验方式。波普尔认为，科学的发展是由不断提出试探性的猜想，并通过反驳和证伪不断排除猜想中的错误而实现的。[2] 因此，"试错式"实验方式能够相对缓和、平稳地推进土地制度的改革，避免了对土地改革的整体性影响。从表 2-1 中《城镇土地使用税暂行条例》的实验过程可以发现，该暂行条例的 3 次修改恰是以一种"试错"的方式施行的土地制度改革。土地"征用"向"征收"的转变、"由省、自治区、直辖市税务机关审核后，报国家税务局批准"向"由县以上地方税务机关批准"的转变，既是政府行政体制改革的成果展现，也是"试错式"土地立法排除错误的过程。

三是"暂行－废止"式实验方式。该实验方式在现行立法体系中存在两种主要形式：因适用期已过而宣布失效，如《外商投资开发经营成片土地暂行管理办法》；因停止执行而废止，如《股份有限公司土地使用权管理暂行规定》。暂行法的废止是实验主义立法进路特有的一种制度风险。该风险的产生在于：实验主义立法是在缺乏理性因素与经验性因素的前提下被迫进

---

① 有学者对我国土地出让制度在经济发展中的作用进行了研究，得出的结论是："在中国的经济增长中，土地出让制度的实施做出了积极贡献。但也可以发现，自 1987 年以来四个阶段对 GDP 的贡献额呈现总体减少态势。"参见黄贤金等《20 世纪 80 年代以来中国土地出让制度的绩效分析及对策建议》，载《现代城市研究》2013 年第 9 期。

② 参见潘星丞《交通肇事故意论——以波普尔"试错法"为分析范式》，载《法学论坛》2010 年第 4 期。

行的建构型立法。随着理性和经验的增长，当暂行法与经济体制改革出现矛盾且难以调和时，只能以废止的方式宣告制度改革试验的失败。

四是"暂行法 - 正式法"的实验方式。此种实验方式是实验主义立法进路的理想化方式，也是对制度改革方向的肯定。虽然暂行法与正式法具有相同的法律效力。但是，暂行法向正式法的转化，解决了体制改革的变动性与法律稳定性之间的矛盾，政治经济体制改革才能真正被纳入法治化轨道。2008 年《违反土地管理规定行为处分办法》对《违反土地管理规定行为行政处分暂行办法》的废止，就是以暂行法转向正式法的方式消除了违反土地管理规定行为行政处分制度的"暂行"性。

### （三）土地改革试点转向全国性立法的实验进路

除暂行法之外，我国土地制度改革的实验主义进路取得丰硕成果的另一个重要原因在于试点改革，即通过集理论探索、制度革新、地方试点于一体的制度演进方式，来推动土地制度不断顺应市场化改革的需求。那么，问题悄然呈现：试点改革为何是一种实验主义的立法进路，它在土地制度改革中又发挥了何种作用？笔者认为，暂且将理性因素在立法中的作用搁置一旁，就经验积累而言，土地制度改革试点仅是一种先进土地制度的理论化构想，地方的实践性考察恰似将其置于天然的实验室中进行检验。该土地试点是否遵守我国法律的基本原则、是否符合我国的长期发展战略、是否符合广大人民的根本利益，就成为验证土地制度改革的地方试点是否取得成功的重要指标。可以说，地方试点是一种低风险、高收益的制度变革方式。事实上，改革开放 40 多年以来的改革实践表明，通过地方试点推行的土地制度改革，正在以一种平稳、有效的方式影响着中国特色社会主义土地制度的形成（见表 2-2）。

表 2-2　土地改革试点

| 时间 | 地点 | 试点项目 | 试点内容 | 试点的制度性结果 |
|---|---|---|---|---|
| 1978 年 | 安徽省凤阳县小岗村 | "大包干"（自发型试点） | 土地承包，包产到户 | 家庭联产承包责任制在全国范围内确立 |
| 1987 年 | 深圳 | 土地使用权有偿出让制度 | 协议、招标、拍卖 | 修改《宪法》第 14 条第 4 款，取消土地使用权不得出租的规定，明确土地使用权可以依照法律的规定转让 |
| 1992 年 | 广东省南海市（现为广东省佛山市南海区）下柏村 | 农村股份合作制（自发型试点） | 农民将承包经营的土地以股权形式，流转给村集体成立的经联社（或经济社）统一经营 | |

　　从改革开放初期的土地改革试点情况来看，试点改革的动力主要来自两方面：一是社会形成的自发型改革动力；二是政府驱动型改革动力。农村土地改革自发型试点的出现主要是受第一种改革动力的影响，并且改革方向是以生产方式变革为主的。产生这种状况的原因在于："文革"时期的土地制度严重制约了农业生产，并且"文革"所造成的社会动荡加重了农民的生存负担，农民的生存和发展受到了影响；计划经济体制下农民所获得的生活资料远远无法满足日常生活需求，农民迫切需要更好的生活条件。当生产关系不能适应生产力的发展要求时，社会内部就生成一种自发型的改革动力来推动土地制度的改革。1978 年小岗村尝试的"大包干"就属于自发型试点改革的典型例证。[①] 其遵循的改革路径是：自发型试点—经验总结—逐步推广—法律确定—再改革试点。这是我国土地试点改革走向法制化道路的基本模式。

　　与农村土地试点改革不同，城镇土地制度改革是以政府驱动为主要改

---

① 　1978 年小岗村掀起的"大包干"揭开了我国土地制度改革的序幕，到 1983 年，98% 的基本核算单位实现了"包干到户"。参见陈小君等《农村土地法律制度的现实考察与研究：中国十省调研报告书》，法律出版社，2010，第 237 页。

革动力的。原因在于：城镇的市场化程度较高，受经济体制改革的影响较大，政府在推行经济体制改革过程中必须解决土地资源市场化的这一难题。因此，城镇土地改革试点的侧重点在于土地流转制度的改革。

　　随着我国市场化程度的不断提高，《土地管理法》所确立的无偿无期限划拨使用土地制度已无法适应市场化经济体制的要求。"土地使用权不得转让"的法律规定，愈加成为我国经济发展的阻碍。1987年，深圳作为土地使用权有偿出让制度的试点城市，分别以协议、招标、拍卖的有偿方式出让了国有土地使用权。之后上海、天津、广州、厦门、福州五个城市也被纳入土地使用权有偿出让制度试点。随着改革试点的成功和有偿转让经验的积累，1988年第七届全国人大第一次会议通过了宪法修正案，决定将《宪法》第10条第3款、第4款"任何组织或者个人不得侵占、买卖、出租或者以其他形式非法转让土地"修改为"任何组织或个人不得侵占、买卖或者以其他形式非法转让土地，土地的使用权可以依照法律的规定转让"。同时，1988年《土地管理法》第2条第4款也进行了相应修改，"国有土地和集体所有的土地的使用权可以依法转让。土地使用权转让的具体办法，由国务院另行规定"。土地使用权有偿出让制度的试点改革向宪法条款、专门法律的转化意味着我国土地制度改革的试点式实验主义进路能够有效推动土地制度的改革进程。

## 三　困境和出路：实验主义立法进路的未来走向

　　虽然上述实验主义的立法进路对我国土地法律体系与法治国家的建设起到了积极的作用，[①] 但是法律思维的存在总是能够引领我们考虑一些土地制度改革背后的法律问题：实验主义立法进路为何能在我国成功？它对法律

---

①　季卫东对立法层面上法律试行的合理性进行了详述。参见季卫东《法治秩序的建构》，中国政法大学出版社，1999，第145~195页。

的超越是法治国家能够容忍的吗？在违背理性立法的前提下，实验主义立法进路到底能够走多远？事实上，在实验主义立法进路走过 40 个年头之时，这些问题已经摆在了我们面前。

实验主义立法进路是一把双刃剑：作为一种制度改革的辅助工具，它能够为制度改革提供法制保障，降低改革发生偏离的风险；作为一种立法方式，它又会造成巨大的财政负担，削减法律的稳定性、普适性和权威性。① 这就意味着，实验性立法这种"渐进主义（立法进路）存在着变革不彻底的问题，也可能导致制度内部出现自相矛盾的现象，还会增加今后进一步推动社会变革的复杂性和难度"。② 所以，实验主义立法进路只能是特定历史条件下的社会规范制定方式。超越了特定历史时期，实验主义立法进路的弊端就会成为国家变革和发展的阻碍。

目前看来，实验主义立法进路在土地制度形成过程中的弊端主要表现在以下几点。

一是实验主义立法进路存在合法性与普适性困境。无论是暂行法还是地方立法"试点"，都折射出一个共通的问题：土地制度改革的依据来自 1985 年"授权立法"，只要"经国务院批准"，各种暂行法与地方立法"试点"就获得了形式上的合法性，但"授权立法"范围的模糊性、行使的限度以及对现行法的超越都已成为不容忽视的问题，如 1987 年深圳对土地使用权有偿出让制度进行的试点改革。虽然《宪法》与《土地管理法》随后采纳了试点改革的成果，但是深圳市政府以协议、招标、拍卖三种形式有偿出让

---

① 有学者指出，地方试点虽然能够提升地方改革的积极性，"却又可能带来仅从本地区特殊性考虑的负面影响，从而使法治的推进形成一种以地域为中心的分割现象"。参见杨解君《走向法治的缺失言说（二）——法理、宪法与行政法的诊察》，北京大学出版社，2005，第 4 页。

② 季卫东：《宪政新论：全球化时代的法与社会变迁》，北京大学出版社，2002，第 126 页。

土地所有权的行为是无法经过宪法验证的。[①] 此外，实验性立法在地方试点的成功，只能表明其在某一特定区域内的制度改进的成功，而放至全国则未必能够获得同样的效果。江平对广东省发布的《广东省建设用地使用权流转问题管理办法》的普适性效果就有所疑虑，并指出"广东能够实行这个办法，陕西、宁夏肯定不行"。[②] 所以，实验主义立法进路虽然能够降低立法的"试错性"风险，但在全国性推广过程中，又可能面临普适性不足的尴尬。

二是实验主义立法进路容易造成土地法律之间的相互冲突。[③] 在我国，实验主义立法进路所导致的土地法律冲突主要有三种：实验性立法与法律的冲突、实验性立法与地方性法规的冲突、实验性立法之间的冲突。造成法律冲突的原因在于实验主体的广泛性和多样性、试验范围的交叉性和不明确性以及试验期限过长。这是我国改革开放以来长期遵循实验主义立法进路的结果，除非对立法权限能够进行清晰的划分，并对以往实验性立法进行系统的清理，否则这种法律冲突的病症很难"治愈"。

三是实验性立法的监督缺位。实验性立法主要是通过全国人大及其常委会的授权立法来实现的，但是我国法律在授权立法监督方面，既存在监

---

① 童之伟认为，深圳市土地使用权有偿出让制度的改革实验作为一个"良性违宪"的典型案例，明显违反《宪法》第10条的规定。此种违宪行为的应对之策只有一个，就是"由有关国家机关及时依据宪法和法律的有关规定采取措施，制止和纠正违宪行为，但同时鼓励对土地使用权转让的必要性展开讨论，然后由全国人大尽快修宪，做出'土地使用权可以依照法律的规定转让'的规定"。参见童之伟《重提"违宪改革合理说"宜审慎》，载《法学家》2007年第4期。

② 参见江平《土地立法与农民权益》，载吴敬琏等主编《洪范评论》2006年第2辑，中国政法大学出版社，2006，第3页。

③ 昂格尔认为，不管社会变化如何推动法律的产生，法律本身是具有内在矛盾性的，这种内在矛盾不仅导致了法律的不稳定，也导致了法律的变革。参见〔美〕昂格尔《现代社会中的法律》，吴玉章、周汉华译，译林出版社，2001，第61~62页。

督主体多元、监督形式单一的问题，又存在监督不力的缺陷。[1] 更为重要的是，对实验性立法的监督无法进行实质合法性审查。其原因在于实验性立法为了土地制度改革的需要，必然存在突破现行法律的规定的情况。在哈耶克看来，这是我们赖以生存的规则"对一种'不可能性'（the impossibility）进行调适的产物"。[2] 例如 2013 年安徽省颁布的《关于深化农村综合改革示范试点工作的指导意见》，该指导意见推行的宅基地退出补偿激励机制、土地流转机制、农村集体建设用地指标储备制度等，就对我国现行土地管理制度进行了部分调整。那么，依据实质合法性的审查标准，监督机关对实验性立法的审查必然得出否定性结果，我国土地出让制度的良性变革就会戛然而止。由此看来，土地制度改革中的实验主义立法进路无法在充分的立法监督中获得生存空间。

　　面对实验主义立法进路在土地制度改革中的种种困境，特别是在中国特色社会主义法律体系已经形成的前提下，实验主义立法进路在当前土地制度改革中走向何方就成为摆在立法机关面前的一道难题。客观地说，中国特色社会主义法律体系的建立，"放弃对法律本质、历史的先验与经验追问而执着于法律规范体系的应然建构"。[3] 而这恰恰趋同于实验主义立法进路对经验理性和建构理性的有意弱化。因此，虽然我国已具备了完整的法律体系，但现阶段的土地制度改革仍需要实验主义立法进路给予支持。[4] 理由在于：

---

[1]　有学者认为，我国缺乏统一的授权立法的监督法，并且我国对授权立法的监督不仅方式单一（只有向全国人大常委会或国务院备案），而且在实施监督方面力度不足。参见陈伯礼《论权力机关对授权立法的监督控制》，载《法商研究》2000 年第 1 期。

[2]　〔英〕哈耶克：《法律、立法与自由》（第一卷），邓正来等译，中国大百科全书出版社，2000，第 10 页。

[3]　廖奕：《法理话语的均衡实践》，载《法商研究》2009 年第 2 期。

[4]　张千帆认为，我国现行法律乃至宪法的设置还并非最优的法治，因此，有益的地方实验和制度创新仍然是值得肯定的。参见张千帆《宪法变通与地方试验》，载《法学研究》2007 年第 1 期。

实验主义立法进路除了能够降低土地制度改革的风险外，还具有"承前启后"的作用。改革开放初期40多年尚未完成的实验性立法仍需要完成自身的实验过程，"后体系时代"的土地制度改革的方向难以明确，[①] 需要实验性立法减少制度风险。因此，实验主义立法进路在我国立法工作的开展中仍然会有广阔的市场。那么，我们应当从前期实验主义立法进路中得到哪些启示呢？事实上，实验性立法的弊病已不是微观层面的法律修订所能消除的。面对新一轮土地制度改革的契机，实验性立法应当作出以下调整。

## （一）转向正式法

对某些施行时间较长的暂行法进行立法后评估，在达到土地制度改革要求、符合宪法和法律规定、经验积累充足的条件下，实现暂行法向正式法的转化。[②] 例如《国务院关于中外合营企业建设用地的暂行规定》，该暂行条例于1980年开始施行，主要对中外合营企业用地的申请和审批、场地使用费具体标准、计算方法等作出了暂行性规定。从实践的效果来看，《国务院关于中外合营企业建设用地的暂行规定》推动了我国中外合营企业的健康发展，防止了土地资源紧缺所带来的经济增长疲软，整体上顺应了我国对外开放和市场化改革的潮流。所以，我国在中外合营企业建设用地方面的立法条件已经成熟，《国务院关于中外合营企业建设用地的暂行规定》应当取消"暂行法"形式，转向正式法，完成实验过程。

但对于某些暂行法来说，试验时间的长期性并不代表对实验结果的肯

---

① 石东坡认为，随着中国特色社会主义法律体系的形成，中国立法已进入"后体系时代"。参见石东坡、余凡《论"后体系时代"律师的立法参与问题》，载《法治研究》2013年第2期。

② 汪全胜认为，法律作为一种社会规范，应当随着社会关系的变化而制定、修改、补充和废止。系统性的评估活动能够保证法律制度与社会发展的协调性。参见汪全胜、陈光《立法的总体性评估析论》，载《社会科学辑刊》2010年第5期。

定。例如 1990 年国务院发布的《城镇国有土地使用权出让和转让暂行条例》，该暂行条例第 40 条规定："土地使用权期满，土地使用权及其地上建筑物、其他附着物所有权由国家无偿取得。"该条款是与我国《物权法》的规定相左的。《物权法》第 4 条规定："国家、集体、私人的物权和其他权利人的物权受法律保护，任何单位和个人不得侵犯。"基于合同相对性的考量，国有土地使用期限届满，只表明国家具有依法收回土地使用权的权力，并不能必然推衍出国家对地上物权的自然取得。《物权法》作为全国人大公布的法律，其法律效力高于国务院发布的暂行条例。因此，作为处于试验阶段的"暂行法"，《城镇国有土地使用权出让和转让暂行条例》不适宜继续发挥法律效力，而应当在合适的时机予以废止。

### （二）严格限定实验性立法的范围、期限和实验对象

从我国土地制度改革的实验主义表征可以发现，暂行法和地方试点分别是授权立法在制定法层面和实践层面的实验表现。虽然《立法法》第 10 条明确规定："授权决定应当明确授权的目的、事项、范围、期限以及被授权机关实施授权决定应当遵循的原则等。"但是在实际操作层面，全国人大及其常委会对国务院和地方立法机关的授权，仍然因立法语言的模糊性、概括性出现了授权范围不确定、授权期限无限制以及被授权机关立法权限过大的现象。因此，在新一轮的土地制度改革中，为了严格限定实验性立法的范围、期限和实验对象，就需要分别从暂行法的制定和地方试点两方面对其加以规范。

从暂行法的立法目的来看，土地制度改革的要求才是推动暂行法形成的动力。因此，暂行法的制定必然有改革现行法律规定的成分在内。但是这并不意味着暂行法可以突破授权立法的范围。土地制度改革中暂行法的规范化，一方面应当以明确的语言确定授权范围（包括立法权限、实施区域、实

施对象等），防止出现假借"实验立法"之名扩张权力的现象。另一方面，应当明确暂行法的试验期限。在规定期限内仍无法获得充分的立法经验，或者立法条件仍未成熟，且实验效果良好的暂行法，可以由被授权机关向授权机关提出期限延长申请。授权机关在对暂行法进行综合评估的基础上，作出是否予以延期的决定。另外，还需要授权机关加强立法监督。

试点型立法试验的规范化，重点在于土地改革试点的封闭性。"试点要严格遵从程序、可控、预案和封闭四个原则，对试点可能突破现行的法规政策，须获得程序上的批准。试点区域与内容须掌握在可控的范围内，对于可能的失败要有相应的预案，在相对封闭状态下进行，以减少社会震荡。避免试点中尚不成熟的做法被广泛扩散，从而造成混乱与风险的扩大。"①

## （三）完善实验性立法的监督机制

完备的监督机制是实现立法目的的重要保证。一般来说，它应当包括以下几项内容：（1）立法监督的主体；（2）立法监督的形式；（3）立法监督的范围。所以，对实验性立法而言，立法监督机制的完善首先应当明确实验性立法的监督主体。我国实验性立法往往通过授权立法的形式获得立法权限，因此，授权机关当然是实验性立法的监督主体。但是，我国实验性立法的监督主体，除了授权机关外，还包括非授权机关，即被授权机关的上级机关。这样，实验性立法的监督职能就出现了不明确的现象，监督主体的相互推诿导致立法监督流于形式。所以，实验性立法监督机制的完善，应当明确授权机关与被授权机关上级机关的各自职权。前者对实验性立法的范围进行监督；后者对实验性立法是否同地方性法规存在冲突进行审查。其次，发挥各种监督形式在立法监督中的作用。我国实验性立法的监督形式主要有两种：备案

---

① 　金晓哲：《延迟改革的风险比加快改革要大》，载《中国经济周刊》2012 年第 50 期。

和批准。二者作为实验性立法的审查程序，只有通过监督机关进行立法审查，才能最终实现监督功能。然而在立法实践中，备案（或批准）机制并未凸显监督功能，而更多沦为一种程序化规定，这也导致了"只备不审"现象的出现。监督机关对实验性立法的监督力度不足，很有可能导致地方政府越权立法。因此，在新一轮土地制度改革中，监督机关应当切实履行自身的监督职能，尽可能地降低实验性立法的改革风险。

最后，就立法监督的范围而言，监督机关应当对实验性立法采取一种容忍原则。所谓容忍原则是指，为了实现制度改革的目的，允许实验性立法在适当范围内突破现行法律规定的立法原则。它是监督机关对实验性立法实质合法性审查的适度弱化。实验主义的立法进路"要求我们宽容地看待那些看起来违法乃至违宪的地方试验，拒绝形式主义和教条主义的宪法解释，避免用静止以至过时的理论去约束不断发展的现实"。[1] 但是这并不意味着监督机关在审查范围上会有所收缩，制定程序、立法权限、规定的适当性等内容仍然在审查范围之内，所以，监督机关对实验性立法的监督，关键不在于审查其实质合法性，而在于保障其以推动制度改革为目的，在立法权限内行使立法权，从而推动制度的改进。"它的规范化功能，不仅在于它为试验项目本身提供指导与引领，更在于它为实施者（行政机关）提供行动指南，而这一指南的关键在于它为权力与行为的实施划定了边界。"[2] 从土地制度改革的实验主义进路可以发现，虽然实验性能够减少盲目立法所带来的时间成本和制度建构成本，但其所带来的制度风险也是存在的。如何保障实验主义立法进路同我国的土地制度改革顺利对接，如何减少实验性立法带来的制度风险，如何建构适合我国的土地制度就成为立法机关面对的难题。我国在土地

---

① 张千帆：《宪法变通与地方试验》，载《法学研究》2007 年第 1 期。
② 黎娟：《"试验性立法"的理论建构与实证分析——以我国〈立法法〉第 13 条为中心》，载《政治与法律》2017 年第 7 期。

制度改革上的立法并非一蹴而就，往往愈加关系国计民生的重要制度愈加要谨慎地制定。因此，在中国特色社会主义法律体系已然形成的前提下，实验主义的立法进路仍将在新一轮土地改革中发挥重要的作用。

# 第三章　我国需要什么样的立法学？

多年来的立法理论研究与实践经验表明，国内外政治交流、经济建设以及文化融合，都是以国家法律体系为后盾的。无论是国际商事规则的学说探讨，还是地方政府规章的起草，立法理论与技术均在其中起到极其重要的规范作用。"中国法学教育国际化早在 20 世纪末 21 世纪初就已拉开帷幕，形成了'西学东渐''会通中西'等国际化教育理念。"[①] 但我国的立法学教育除了借鉴国外先进的立法技术外，更应当注重我国立法的语言特色。因此，在我国高校法学院（系）设立立法学学科，不仅是立法学理论传承与发展的要求，也是培养立法人才、回应地方立法需求的必然举措。为了更好地服务国家与地方法治建设，满足 2015 年《立法法》修正后设区的市的立法人才需求，推动立法学课程体系改革与学科建设，[②] 我国应当在尊重立法学学科现

---

[①]　方桂荣:《中国法学教育国际化转型的困境与前景》，载《广西民族大学学报》（哲学社会科学版）2018 年第 2 期。

[②]　参见王辉《法考背景下高校法学应用型人才培养路径探索》，载《嘉应学院学报》（哲学社会科学版）2018 年第 4 期。

状与学科基础的前提下，结合国际一流大学的立法学学科建设与发展情况，对我国各高校法学院（系）设置立法学学科、开设立法学课程问题加以系统研讨，以期推动我国立法学的学科化、普遍化。

## 一　立法学的学科价值与课程设置概况

"立法学"是以立法现象为研究对象的科学活动及其认识成果的总称。立法学总论教材简要论述了立法学的研究对象、体系、地位、研究方法等问题，扼要阐释了立法的概念、历史、功能、指导思想、原则、政策等问题，重点探讨了立法主体、立法权、立法行为、立法程序、立法技术、中央立法、地方立法、立法质量、立法评估等立法学经典主题。不同于其他部门法学科，立法学学科十分注重理论与实践的结合。这主要是因为立法学理论研究、课程讲授在很大程度上受到当下国家立法实践的引导和影响。因此，以立法实践为研究对象，探寻立法规律、解释立法现象、指导立法活动、明辨立法方向等，构成本学科建设的重要出发点。党的十九大报告指出要"推进科学立法、民主立法、依法立法，以良法促进发展、保障善治"。在新时代背景下，立法学学科的设立与发展，有助于对党的十九大报告精神的传达和贯彻，有助于实现我国法治国家建设目标。

从立法学学科的价值视角来看，立法学学科的内在精神在于立法理论同立法实践的衔接。立法实践是一种文明的、理性的、高级的调整社会关系的专门社会实践活动形式，是以执掌国家政权的组织及其联盟作为最终支配主体、以特定国家政权机关作为正式实践主体、以规范性法文件的形成和变动作为主要实践表现，针对基本或者主要社会利益关系格局这一实践客体予以普遍调整和强制规范的政治法律实践活动。特别是在 2015 年《立法法》修正以来，设区的市已经在"城乡建设与管理""环境保护""历史文化保护"

等方面享有立法权。因此，立法学学科的聚焦点不仅在于立法理论的传授与研讨，还在于理论成果的实际转化，更重要的是为设区的市立法机关培养充足的立法人才。[①] 可以说，立法实践是立法学学科最为主要的研究对象，而立法思想、立法理论和立法经验总结等均是从属于立法实践、国家法治建设的学理性因素。

从立法学的学科视角来看，立法学学科的设立，进一步健全了我国法学学科体系，并能够为国家和地方立法机关提供专门性人才（如立法者、立法工作人员、第三方立法参与者）。[②] 众所周知，立法学学科旨在研究立法规律、立法现象等内容，观察、描述、分析和研究立法实践的基本结论和成果；对于立法规律的客观、深刻、完整并且富有预见性的揭示，是立法学学科的基本目标和恒久追求，而立法实践对于上述立法研究成果的评判，也将是检验立法学学科建设成败得失的重要尺度。对于高校而言，专门立法学人才的培养与输出，既构成高校特色学科建设的重要组成部分，也是增强高校核心竞争力、社会认可度的重要指标。这样，立法学学科的设置，决定和影响着我国各高等学校法学学科建设所能达到的广度、深度和厚度。总而言之，立法学学科是研究立法现象的学科。它立足于立法实践，并在立法学研究中深入探讨实践难题，推动国家立法或地方立法的科学性。

我国的立法学学科建设于 20 世纪末开始。目前国内众多一流院校均已成立了立法研究中心（基地），创建了立法学学科硕士点、博士点，开展完整的立法学本科课程。例如北京大学立法学研究中心是目前国内规模较大、实力雄厚的立法学教学、科研和实践基地。该中心的主要目标和任务是系统、深入地研究立法学理论，进一步发展中国立法学，提升中国立法学研究的品位和格调；反映和总结中国立法的基本经验，研究和解决中国立法发展

---

① 徐凤英：《设区的市地方立法能力建设探究》，载《政法论坛》2017 年第 4 期。
② 胡弘弘、白永锋：《地方人大立法人才培养机制研究》，载《中州学刊》2015 年第 8 期。

过程中的种种问题和难题；参与立法实践，为中央和地方的立法教学、科研和实践部门培养和输送多层次的立法专业人才和骨干。在该中心主任周旺生的倡导和努力下，北京大学在国内最早设立了立法学专业，并且最早获得硕士和博士学位授予权。而厦门大学、中山大学、武汉大学、华东政法大学、北京理工大学、西安交通大学等院校业已完成了立法学学科的建设。尤其在党的十九大以来，立法学作为党治国理政的重要学问，已经成为当下法学学科中十分重要的组成部分。习总书记关于"科学立法"的重要决断，也为立法学学科的建设奠定了时代基调。当下"法学学科专业的设置，内涵发展为第一核心，要进行培养质量的提升，具体为人才培养的质量、科学研究的水平、社会服务能力的提升"。[①] 有鉴于此，我国高校立法学学科的建设，符合中国特色社会主义法治国家建设的基本潮流，是我国法学发展赋予立法学学科的重要历史契机。

## 二　立法学学科在我国当下法学学科中的基础地位

### （一）立法学知识的学科化

立法学学科是关于立法现象、立法行为以及立法规律的学问。它旨在揭示社会生活中客观存在的、有助于促进人们幸福生活的行为规范。基于此种目的与对象形成的理论被称为"立法理论"。该种理论构成立法学学科的基础理论。当下法学界关于立法学学科的理论基础的研究中，美国立法学家安·赛得曼教授的"立法实践模式说"获得了较为一致的认可。他认为，"为了改变现有的体制以实现发展与变革，政治领袖们命令法案起草者们

---

[①] 黄进:《新发展理念背景下中国法学教育的发展方向》，载《北京航空航天大学学报》(社会科学版) 2018 年第 2 期。

'大立法'。而为了满足对能被证明可以有效实施的法律的需要，法律起草者们必须'小立法'。在我们曾经工作过的国家中，这种矛盾始终影响着法案起草者和法律起草的进程"。① 这种理论设定受到当下世界各国立法实践的影响，主张立法要以民为本，能够解决公众关心的主要问题。而在立法观念上，立法理论的创设摆脱了人本主义关怀的束缚，重新回归到科学层面上来。无论是篇章结构、条款设置还是遣词造句，均显露出立法的人本价值。由此来看，立法学学科的理论基础与现实关怀实际上是立法学"大厦"的基石，能够防止"空中楼阁"式立法。

但是，任何一个完整的学科，绝不会仅存在一种理论、一个声音。它往往是在万千理论相互竞争、相互借鉴、相互补充过程中发展起来的。我国立法学家周旺生在 20 世纪末开始研究中国特色社会主义立法学体系，提出了"中国特色社会主义立法学"的学科构想。他从立法实践与理论依据等方面详细论证了中国立法学以及立法学学科的独特性和创新性，并强调中国的立法学是一门研究立法现象的学科，它包括但不限于以下方面的内容：立法概念、立法制度、立法技术、立法权限、立法程序、法案起草、立法汇编。② 这种立法学认知是在总结中国立法实践、发现立法学学科规律的基础上提出的，展现了中国立法学学科建设的独特理论基础。此外，立法学学科是关乎中国立法的民主化、科学化与法治化的理念、制度与技术的一系列问题的学科。比如行政立法、部门法立法、地方立法、授权立法、法案起草、《民法典》的起草与体例等问题，既显现出立法学学科的兼容并包特征，同时也极大地保证了立法学的结构均衡，充实了立法学的理论含量，增强了立法学的学术特色，凸显了立法学的现实指向，展示了立法学的应用价值，保证了不

---

① 〔美〕安·赛德曼、罗伯特·赛德曼：《发展进程中的国家与法律》，冯玉军、俞飞译，法律出版社，2006，第 5 页。

② 参见周旺生《立法学》，法律出版社，2004。

同法律门类之间在概念与规范上的统一性。

## （二）立法学学科的兼容并包与规范化功能

除了自身的学科建设外，立法学学科同其他法学子学科以及政治学、社会学等学科的紧密关系也奠定了我国立法学学科建构的基础。立法学学科作为法学学科的子学科之一，在研究对象与研究范围上同其他法学学科和非法学学科均有着密切的关系，并以规范性特征为依托，提升相关学科的严谨性、权威性。就研究对象而言，同立法学学科关系密切的主要有法理学学科、宪法学学科以及政治学学科。它是使法学院（系）成为一个合作、共荣、共享、充满活力的教学集合的重要纽带。① 尽管政治学学科不属于法学学科或二级学科，但立法的政治性属性使得立法学学科与政治学学科在诸多方面存在关联性。

### 1. 立法学与法理学的关系

立法学作为一门独立的法学分支学科，有自己专门的研究对象和相对确定的研究范围。但是，立法学又不是孤立存在的，它与法理学有着密切的关系。从目前《学科分类与代码国家标准》的学科划分情况来看，立法学属于法学理论（即法理学）的分支学科。但是，立法学所研究的对象与范围并不完全属于法理学范畴。因此，立法学学科同法理学学科之间仍是存在一定的区别的。法理学是法学的基础理论学科，"法理学研究的本质性特征不在于研究领域，而在于思维方式，法理学的思维方式是一种反思性的思维方式"。② 它主要研究法律的产生、本质、发展的规律，研究其在社会生活中的作用以及法的创制和实施中的一般性理论问题。它揭示的是法的一般规

---

① 别敦荣、胡颖：《论大学协同创新理念》，载《中国高教研究》2012 年第 10 期。

② 李拥军：《当代中国法理学的思维方式与研究路径》，载《法治现代化研究》2018 年第 4 期。

律、基本理论、基本范畴和基础知识，并对立法学的研究具有指导意义。例如，法理学所揭示的法的本质的原理，对于理解立法的本质就具有指导作用。立法学虽然包含立法理论的研究，但它是一门应用性学科或实践性学科。它更直接地与立法实践相联系，它所研究的立法理论、立法制度、立法过程、立法技术等，既是对法理学的某些研究领域特别是法的创制问题的具体化和深入化，又是对法理学问题的实践检验。因此，在一定意义上说，立法学随着学科专业化程度的加深以及该学科对立法实践的高度依赖性，具有从法理学研究对象、研究命题中分化和独立的特征。因此，立法学与法理学是互相联系、互相渗透的，但在学科属性上又是有差别的。在建设社会主义法治国家的当下，立法学学科的独立化，有助于进一步推动立法学以及立法实践的发展，进而率先实现立法的法治化、科学化。

2. 立法学与宪法学的关系

我国《立法法》中所规定的事项主要包括立法主体、立法权限、立法程序等。而上述事项的相关规定同样出现在我国《宪法》中。这就导致我国立法学学科同宪法学学科之间，不可避免地存在交叉之处。两种学科之间的相关之处在于，宪法学所探讨的宪政理论、国家制度、国家机构以及宪法规范的特点等问题都对立法学的研究具有重要的影响和借鉴作用。它"体现了民族国家的基本价值追求，抛却了这些基本价值的民族国家如同丢失了灵魂"。①而且，立法学也要根据宪法对立法体制、立法机关的组成和职权、立法程序的规定，进行更为深入、具体的研究。因此，立法学学科与宪法学学科在研究内容上具有相似性。但二者之间又有明显的区别。宪法学学科除了研究一个国家的宪法性文件外，还包括对国家机关的组织法、代表机关的选举法以及其他宪法性法律文件的研究。即便宪法在内容上规

---

① 王宏英：《中国宪法概念史与宪法学体系化》，载《甘肃政法学院学报》2019 年第 4 期。

定了立法体制、立法机关的组成和职权、立法程序等事项，但不同于立法学学科的微观研究，宪法学关于上述立法事项的探讨更为宏观。而立法学的研究任务和目的明显区别于宪法学学科。简言之，立法学学科仅仅关注立法问题，而对宪法学中国家性质与政权组织形式等不做研究。因此，立法学学科是一门独立的、拥有专属研究领域的学科。它同宪法学学科既相关联，又有所区别。

### 3. 立法学与政治学的关系

作为社会科学的组成部分，立法学除了与某些法学学科相关联之外，也同其他非法学学科相关联，例如政治学。这是因为，立法是统治阶级通过国家将本阶级的有关利益和意志上升为社会全体成员必须普遍遵守的法律规范的活动，为的是调整国家在政治、经济、文化和社会生活等各个领域中的社会关系。所以，立法学学科的研究范围必然涉及政治学领域的有关问题。但是二者明显属于不同的学科类别。政治学是社会科学的重要学科之一，它以国家、阶级、政府、政党以及政治制度等政治现象为研究对象。政治学侧重从政治理论和实践方面来研究国家立法权问题，而只在一般层面上涉及立法事项；立法学则侧重从实际应用的角度来研究立法问题，而且研究立法的一般规律、基本理论、基本范畴和基础知识。

### （三）我国高校设置立法学学科的必要性

2015 年《立法法》修正，其对立法主体、立法程序、授权立法等诸多事项都做出了修改。例如，修正后的《立法法》赋予设区的市部分立法权，如城乡建设和管理、环境保护、历史文化保护等方面的立法权等。但是，设区的市享有地方立法权后，"随着依法治国实践的深化，全社会对立法人才的需求空前旺盛，与供给不足之间的矛盾越发凸显。当下，立法人才的培育已成为立法工作、法学教育，乃至整个法治建设的短板弱项"。[①] 立法活动是专业性强、程序要求高，而且需要多方合作进行的复杂劳动和集体行为。立法有严格的程序规定和行文规范，立法过程中还需要各部门间的沟通合作，这要求立法人员既要掌握充足的法律专业知识，能够灵活运用理论知识解决实际问题，也要具有丰富的社会阅历、调查基础和立法实践经验。就目前而言，由于此前大多数设区的市并没有立法权，政府法制办内部没有设立专门的政府规章起草科室，所以在《立法法》修正以来，设区的市的立法工作只能暂时由政府法制办的法规科承担。显然，地方立法机关或机构的压力十分巨大。各地市人大、政府法制办急需具有专门性立法知识、立法经验的人才。

立法学的发展，与立法实践、国家法治建设背景息息相关。十八届四中全会肯定了我国以往立法实践的经验及成果。但在中国特色社会主义法律体系基本建立的当下，立法的民主性、科学性、合法性等问题又成为国家法治发展的桎梏。面对我国政治、经济、社会转型发展的新形势、新要求，地方人大的立法工作还存在一定的不足。这主要表现为立法的重点不突出、特点不明显，立法工作无法完全抓住地方实际问题，法规的操作性不足，立法队伍的专业素质还有待于进一步提高等问题。尤其是党的十九大以来，国家、立法机关以及社会公众对"科学立法"的需求愈加迫切。这就导致公众需求同立法学学科发展现状产生了巨大冲突，同时也明确地显现出未来立法学学科的发展方向——培养专门性立法人才。"由于资源所限，由于学科背景不同，单纯依靠一个学科、一个学校或者学院孤单的国际化是不切实际，也是有一定难度的。"[②] 因此，立法学体系的完善、立法学研究以及立法实践均急需立法学学科的设立，并在此基础上，开辟一条教学、科研和实践三位一体

---

① 刘风景：《需求导向的立法人才培育机制》，载《河北法学》2018 年第 4 期。
② 谢海霞：《论国际化法学人才的培养模式》，载《人力资源管理》2011 年第 7 期。

的立法学发展之路，为国家和地方输送立法人才。

## 三　国外高校设立立法学学科的经验

从世界范围内来看，立法学学科已经广泛成为各国高校法学院学科建设的重要组成部分，并在国家法治建设中扮演着助推器的角色。遍察国外一流大学立法学学科的建设，较为一致的发展路径在于开设了"立法学"课程，并培养相关职业人才，有力地推动了各国的立法职业化进程。[①]

美国哈佛大学法学院的立法学学科，主要培养博士生的法规解释能力。例如由因蒂萨尔·拉伯（Intisar Rabb）开设的"发展中的立法学：法规的解释"（Advanced Legislation: Statutory Interpretation）。该门课程属于法学博士（Doctor of Jurisprudence）的必修课程。课程的内容主要涉及现代立法的后续解释问题。拉伯认为，美国虽然是一个判例法国家，但是最具现代性的法律体现形式则是成文法，即宪法、法律、行政法规等具体法律文本。因此，律师在研究案例的过程中，除了关注过往先例中的法治精神，也应当从国家立法中发现民主意志的成分，并为待决案件的解释发现成文法依据。有鉴于此，美国哈佛法学院的立法学课程旨在进一步探讨立法中的程序性问题、法规与司法解释的统一性问题以及国家立法的执行理论等。此外，该课程也将围绕刑法与反歧视法等具体立法实践，探讨有关法律、法规和司法解释之间的现行争议（包括关于法律文本主义、目的性解释和动态演绎的争论）。

美国西北大学的立法学学科侧重于培养学生将理论应用于实践的能力。其代表性课程是埃伦·穆拉尼（Ellen S. Mulaney）开设的"立法学"（Legislation）课程。在穆拉尼看来，作为公共政策的主要表达方式和美国法

---

① 参见雷秋玉《本科法学教育模式的反思与择定——在现实主义与科学主义之间》，载《江汉学术》2018 年第 2 期。

律体系的主要来源，成文法逐渐取代普通法法院判决的地位。这种转变反映在许多法学院的高年级学生课程设置上，甚至某些高校在第一学年里已经开设了立法学课程。穆拉尼开设的"立法学"课程从立法过程的概述开始，对立法程序中的民主理论和立法理论展开剖析，并坚持理论研究与实践式教学并重的策略，将专门性立法知识传授给学生。此外，美国西北大学在立法学学科的建设中，十分重视比较法的运用。该课程通过对比分析法规、司法解释以及行政决策之间的异同，发现美国法律体系中解释理论同立法理论之间的冲突，如语词运用冲突、语法冲突、立法史同文本主义解释的冲突等。

纽约大学法学院在立法学学科的建设上，侧重于立法对现代国家的控制责任。在纽约大学法学院，立法学学科的培养对象包括博士生和硕士生，并且学习时间定在第一学年中，由此可知立法学学科在整个美国法学教学体系中的重要性。在课程设置上，由亚当·萨马哈（Adam M. Samaha）开设的"立法与国家监管"（Legislation and the Regulatory State）鲜明地体现出纽约大学立法学学科的特色。该课程为博士生和硕士生提供了探讨立法、司法解释以及执法等问题的基本框架。尽管美国普通法在调整私人之间关系上仍然发挥着极其重要的作用，但越来越多的公共政策以及司法解释问题开始反映出国家立法的重要性。[①] 立法与国家监管课程的内容包括：立法过程概述；执法所产生的法律解释问题；立法与执法之间关系的宪法规则；行政法在国家权力控制中的教义。总而言之，纽约大学立法学课程的设置，为博士生和硕士生提供了一个将立法、执法与司法知识融会贯通的基础，并为立法机关和律师行业提供了丰富的人才储备。

加拿大多伦多大学法学院针对博士生、硕士生的职业发展，开设了立

---

① 参见胡江宁《论信息安全与创新政策的平衡——以美国对加密技术的立法管制为视角》，载《科技与法律》2013 年第 3 期；宋春霞《强立法 = 高绩效？——从立法角度看美国开放入学政策绩效责任制》，载《上海教育科研》2012 年第 6 期。

法学学科的专门性课程。由安弗·艾蒙（Anver Emon）讲授的"法规实习：议会、法规或私权法案制定中的常设委员会"（Statutes Practicum: Legislative Assembly, Standing Committee on Regulations & Private Bills）的立法学课程是该学科的特色课程。该课程聚焦于立法机关的实际运作，并在安大略省议会设立了立法研究服务基地，安排研究生在该立法基地服务，了解国家立法的相关经验和程序。同时，该课程致力于讲授法规的具体审查程序，并邀请经验丰富的律师或议员现身讲堂，讲授议事规则。学生也有机会学习法规起草和审查程序方面的经验。由此可见，加拿大多伦多大学在立法学学科的设置上，注重理论与立法实践的结合，直接为加拿大议会输送了专门性人才，提升了加拿大立法的质量。

伦敦大学的立法学学科在英联邦内部的影响力正在逐年增加，一个显著的特征是培养的专门性人才数量的增加。由康斯坦丁·斯特凡努（Constantin Stefanou）开设的"立法起草"（Legislative Drafting）课程是伦敦大学立法学学科的特色课程。该课程除了讲授立法起草问题之外，兼涉立法过程中的政治理论问题。立法学学科的授课特点是注重培养学生对立法理论和立法实践的掌握。对法律文本的草拟以及议员的亲身指导，更是成为伦敦大学立法学学科建设的主要优势。

## 四 立法学学科的课程设置

立法学学科是我国法治国家建设所急需的理论学科。目前，我国立法机关和学界在立法学研究上普遍滞后。立法质量参差不齐等问题也一直困扰着我国的法治进程。而对立法学学科的建设是正确理解立法内在规律的重要前提和先决条件。立法学学科涵盖了立法哲学、立法语言学和立法技术学等基础性学科，同时这一学科又属于应用性学科。这些年来法学知识量的增长和法治水平的提升都与该学科的研究有密切的关系。尤其在 2015 年《立法法》与 2018 年《宪法修正案》分别对我国立法实务工作提出"科学立法""民主立法""依法立法"等原则性要求的情况下，科学、高效地开展立法学专业教育，就成为当下地方人大完善立法人才配置、提升立法质量的基础。为此，我国高校在立法学学科设置上，应当切实抓住设区的市立法人才高需求的历史契机，强调立法理论与立法实务相结合的教学模式，[①]重点开展立法学、立法方法论、部门法立法以及立法评估学的课程讲授活动，详述如下。

（一）立法学

立法质量以至整个立法的科学化、民主化、现代化理论的研究，是立法学界以及立法者无可回避的议题。所有立法问题，无非分属于立法理论、立法制度、立法技术三大范畴。没有哪个国家不注重立法技术而能使立法质量获得保障。所有立法工作都要从决策、预测、规划、起草、制定、修改、补充、废止、解释等方面来合理运用立法技术，实现立法的民主化、科学化。我国的立法技术在近 10 年获得了长足发展，并形成了一些基本的技术与立法经验，但未能进一步形成严谨的立法学体系，更未赢得立法实务部门的青睐。法的体系建设存在不完备、不配套、不协调、不统一等弊病。尤其在立法规范化层面，法的内在结构、外部体例需要加以统一。因此，对于高校立法学学科建设而言，立法的先决条件、立法的社会基础、立法程序、法律整理与汇编以及立法后评估等内容，都应当成为法学学生的基本课程。就当下的"立法学"课程而言，各高校已经将该课程作为法学本科生的必修课程来加以设置，但讲授内容过于注重传统立法理论。这也导致"立法学"这

---

① 参见蒋银华《论我国立法例教学模式的实施路径及其影响》，载《时代法学》2017 年第 5 期；黄明慧《应用导向型教学在立法学本科教改中的实例分析》，载《课程教育研究》2016 年第 34 期。

一主干课程的授课效果不佳。面对设区的市立法人才奇缺这一现状，"我们现在把法学教育从过去的素质教育、通识教育、学术型的教育，转为职业教育"。[①] 所谓"职业教育"，是指尊重立法学学科自身的实践性规律，将立法学专业课程的知识传授面向未来的立法职业来开展。在课程讲授过程中，学生与老师应当脱离传统"讲授者—聆听者"的单向性关系，转向"立法者—立法助理"的职业场景。同时，相比于其他法学学科对自身理论的重视，"立法学"课程除了注重法学学生的立法理论积淀之外，更关注学生对于立法调研和"社会事实—法律"逻辑关系等问题的考察，以便回应社会发展和法治发展的具体要求。毕竟"立法学"课程面临的是缺乏规范的社会问题（或者说将社会问题法制化）。这些因素都要求各高校法学院越来越多地关注立法学这一基本课程的建设。

## （二）立法方法论

立法方法论是立法学的核心科目之一。该课程同"立法学"课程存在较大的差异。前者讲授关于立法过程中各种立法方法（如事实诠释方法、利益衡量方法、概括准用方法等）的归类与应用的知识。其重心在于立法中所使用的各种方法的列举；[②] 而后者则是关于立法本体论的知识传授，例如立法主体、立法权限以及立法程序等实体性权力内容。因此，"立法方法论"课程完全不同于"立法学"课程的设置，其主要任务包括两个方面：一是研究立法方法的理论化和整合化，并通过确立一般法律规范来发现立法规律的学问；二是探究国家立法同司法解释、行政裁量等不同法律方法的统一性关系。在"立法方法论"课程的建设上，以方法论的哲学范式来探讨立法问

---

① 韩大元等：《改革开放四十年的中国法学教育》，载《中国法律评论》2018年第3期。

② 参见李亮、汪全胜《论"后体系时代"立法学研究之嬗变——基于立法方法论的考察》，载《江汉学术》2014年第2期。

题，在当下的中国缺乏足够的经验借鉴和理论支撑。40多年来的立法经验证明，立法学的专业化、职业化与技能发展需要方法论的训练。但是在我国，受立法职业化程度低下的影响，无论是实务界还是理论界，对于立法方法论的重视都不够，这在一定程度上影响了我国法律人法律智慧的培养以及立法质量的提升。在大量引进西方法学知识时，立法方法论作为一个独立学科的地位被忽视了，这造成了我国的法学教育体系中对立法方法与立法职业化能力的培养比较欠缺。因此，我国立法学学科的建设与设置，应当认识到方法论对于立法学的重要性。建立"立法方法论"课程，其重要意义之一就在于弥补我国立法学教学中重本体轻方法的缺陷，填补国内法学界和教育界在立法方法论问题上的空白。鉴于立法方法论同司法方法论之间的共同性，我国高校法学院在"立法方法论"课程的开设上，可以借鉴"法学方法论"等课程的教学体例，以司法方法论带动立法方法论的课程的讲授。

## （三）部门法立法

我国各高校法学院对于部门法知识的讲授，基本采用的是"理论＋法条解读"的模式。其中，法律规范是以既成事实、既成规范的方式呈现在法学本科生面前。但关于立法者为何如此制定部门法，讲授者则不大注重。因此，部门法立法的教学活动不仅要关注具体的法律制度，还要关注法律法规中的立法规范化问题，更加重视部门法立法中的立法形式问题。部门法立法主要是对不同法律门类的立法特征、语言特色、篇章布局、同宪法的统一性等立法问题展开探讨，并注重立法在宪法学、行政法学、刑法学、民法学等部门法领域的实际运用。因此，在部门法立法的课程设置上，各高校应当立足于本国或本地区的实际情况，强调部门法立法的本土意识和中国问题。只有立足于中国法律及发生在中国本土的案例，才能真切地发现立法问题。为此，我们要"整理、分析发达国家关于判例研究的理论与学说，并在对中国具体案件的分析中对这些理论、学说加以检验与反思，努力构建适于我国实际的刑法、民法等具体部门法的判例与学说，在规范与制度层面上推进我国法律方法论研究"。① 我国法学教育实践应当进一步强化部门法立法的专业性和领域性两重特征，做到形式立法与实质内容立法并重，凸显部门法立法的实用性和规范性。

### （四）立法评估学

我国立法学学科的设立，不仅继承了古今中外立法学的基础理论知识，还形成了独具特色的立法评估课程。立法评估"一般是指在法律法规制定出来以后，由立法部门、执法部门及社会公众、专家学者等，采用社会调查、定量分析、成本与效益计算等多种方式，对法律法规在实施中的效果进行分析评价，针对法律法规自身的缺陷及时加以矫正和修缮"。② 当前，立法后评估已经成为我国法治建设进程的必然产物和重要环节，而且我国在立法质量评价、立法评估数量两个方面都走在了世界前列。在学科设置上，汪全胜撰写的《立法后评估研究》，成为我国第一部系统讲授立法评估制度的专门性著作。它不仅对立法评估的历史背景、概念、类型等基础理论问题予以全面阐释，而且对立法后评估的主体、程序、方法、对象选择、回应机制等立法后评估的操作机制进行了详细考察和重点剖析。该著作极大地推动了我国立法体系以及立法学学科的发展，也为全国各高校设立立法学学科、讲授立法前沿理论奠定了坚实的基础。

在《宪法》《立法法》相继修改的社会背景下，立法学课程的科学设置不仅关系到我国设区的市立法人才的供给，还深刻地影响着我国立法质量的整体提升。因此，立法学学科当下的社会目标应当在于培养坚持党的基本路

---

① 陈金钊：《法律方法论课程开发研究》，载《法律方法》2013 年第 2 期。

② 汪全胜：《立法后评估研究》，人民出版社，2012，第 2 页。

线，以"立德树人""德育为先"为导向，[1] 具有扎实的理论基础与广博的知识结构，富有求实与创新精神和实践能力的高层次创造性人才。而培养立法人才的专业标准是：具有深厚的马克思主义理论基础，掌握坚实宽广的法学基础理论和系统全面的专业知识，熟悉法理学、立法学的前沿问题和部门法中的立法问题，对立法理论、立法文化、立法思想、立法实践等有创造性的见解，治学严谨，学风良好，具备较强的独立从事教学、科研和实际工作的素质和能力；熟练掌握一门外国语，能够熟练地阅读本专业外文资料，并具有写作能力和独立进行国际学术交流的能力。我国立法学学科要建立国内一流、接近国际水准的立法学学科体系，引领国内外立法学的研究前沿，必须整合法学各学科的力量，组建一支高水准的教学团队，采取立法学与部门法学相结合的授课方式，推进国内立法学、立法方法论的研究，并为立法学界和立法实务界培养高素质的立法人才。

---

[1]　刘风景：《法治人才的定位与培养》，载《南开学报》2017 年第 5 期。

中　篇

我国立法的机制创新

# 第四章　从我国立法回避制度看立法博弈机制

在 40 多年的改革开放进程中，中国社会在利益多元、法治憧憬与政治认同等诸多因素的影响下，多元利益和多元主体几近形成，并逐渐衍生成由利益竞争与权力监督来实现正义分配的法治模式。这在法律方面突出表现为从政策博弈向立法博弈的转型，其实质是利益博弈的规范化、程序化。顺应国家的法治化进程，立法不可避免地成为利益分配竞争的平台，因而立法过程成为权力博弈、利益博弈的过程。社会组织、公权力机关往往利用自己的强势，于立法时左右利益的分配，使行政立法成为部门利益、地方利益法制化的工具。这就是设置立法回避制度的初衷。但是这种因噎废食的做法是不足取的，立法过程并不需要限制立法参与者的竞争，而是要扩大竞争。为此，立法博弈作为一种法治实现方式，已成为当今立法的发展趋势，也是刻下愈益显然的事实，并已为各方所关注。

# 一　立法博弈机制问题的提出

## （一）立法博弈机制概述及功能分析

博弈，是指两个及两个以上存在利益关系的主体，在处理相互间的利害关系时，一方的决策受他方制约的同时又对他方产生制约，由此引发双方相互抗衡和妥协的活动。而立法博弈机制则是博弈行为在法律领域的规范化、制度化，即立法过程中，具有立法诉求的多方利益关系主体在法律授权的范围内，遵照法律的规定，为自身所代表的利益群体争取立法权益，并摒除对自身不利的他方意见，利益关系主体相互抗衡和妥协的制度。从立法博弈机制运行过程来看，博弈机制的制度来源于立法的"理性人"假设，即从事社会活动的人，都带有一定的利己性。[1] 该机制至少具有两种功能，即制约与平衡。它"是立法参与主体和职权主体及其组成人员对法案中的利益调整方案进行表达、论辩、审议和表决中开展的利益协调、冲突、整合等的行为过程"。[2] 但主体间的利益关系有时是此消彼长的，一方的过度扩张必然导致另一方的收缩，其必然是一个讨价还价、各享利益又各分负担的过程。从某种意义上说，立法博弈也是一种民主的利益表达机制，实质是立法过程中不同的利益主体对立法内容的争论和利益的分配，法律在某种程度上不过是将不同利益主体的调和折中的产物配以文字化表达。

## （二）立法博弈机制的价值理念

立法博弈在根本上体现的是民主参与的价值理念。《立法法》第 5 条规

---

[1]　参见徐伟功《冲突法的博弈分析》，北京大学出版社，2011，第 5~10 页。

[2]　黄信瑜、石东坡：《立法博弈的规制及其程序表现》，载《法学杂志》2017 年第 2 期。

定，"立法应当体现人民的意志，发扬社会主义民主，坚持立法公开，保障人民通过多种途径参与立法活动"。该条款明确要求实现民主立法。这是因为，立法机关的能力是有限的，它需要借助多数人的审查、监督、修正，才能真正保证立法的结果合乎社会公众的普遍意志。因此，立法博弈的价值理念一方面在于反映民主参与的过程，另一方面在于"在地方立法的过程中从立法权协调、信息博弈以及利益博弈层面寻求最优的地方立法协调机制"。①而这种利益分配的民主方式，应成为当下中国正义分配的机制，并逐步推动整个国家治理方式的转型，自分配正义源头掐紧社会公正的根本。在实践层面，从 2007 年《劳动合同法》的制定到 2012 年《劳动合同法》的修正，即充分体现出立法博弈机制在捍卫正义、保障社会公正方面的作用。②

　　法律要接近公平、正义的理想状态，就必须有与法律利益相关的人不断地进行交涉、协商、妥协，必须有一个多方不断博弈的过程。而在这一博弈过程中，多方参与和表达渠道畅通与各方力量均衡，才能保证博弈是一种良性互动，从而接近正义。

## 二　从立法回避制度看立法博弈机制

　　立法回避制度是为了使地方立法摆脱部门利益的影响而建立的。它是指"享有立法权的机关或其组成人员在立法过程中，因其与所制定的法案或所处理的事务有利害关系，为保证立法实体结果和程序进展的公正性，根据当事人的申请、立法人员的请求或有权机关的审查决定，一定的职权机关依

---

① 肖萍、刘红梅：《博弈与均衡：地方立法良性发展的不竭动力》，载《南昌大学学报》（人文社会科学版）2011 年第 5 期。

② 参见黎建飞、李静《〈劳动合同法〉立法博弈与抉择》，载《湖南师范大学》（社会科学学报）2017 年第 3 期。

法终止其职务或职权的行使并由他人代理的一种法律制度"。[1] 立法回避制度欲通过阻隔部门利益与立法权力的联系，破除部门之间立法权益之争，然而，"洪水宜疏不宜堵"，立法回避制度无法从根本上消除部门间的权力争夺。作为"疏通之法"的立法博弈制度能够顺应法治建设要求，采用扩大竞争、加强民主参与的方式将部门权益之争淡化。

## （一）不同视角下的立法回避制度与立法博弈机制的冲突

### 1. 从官方视角看立法回避制度

立法回避制度的设置初衷，在于防止行政机关对立法权的僭越和控制。因此，在立法听证阶段，立法草案所涉及的利益关系人应予以回避，例如：有利害关系的听证主持者、立法草案前期调查人员等。[2] 对于立法回避制度的价值，官方给出肯定性的评价：其一，旨在克服立法中的部门利害倾向，消除"政府权力部门化、部门权力利益化、部门利益法制化"的痼疾；其二，有利于推进立法公开，扩大公众参与，体现立法的科学民主；其三，有利于借助各方面的经验、智慧，特别是借助专家、学者的知识和智力优势，提高立法质量。笔者认为，试图通过"政府立法回避"制度切断地方立法与部门利益的纠葛，从而破解政府立法部门争夺权力这一难题，顺应了公共治理格局下国家权力社会化的发展趋势，对于动员社会力量参与立法过程，提高地方立法的民主性、科学性是具有积极意义的。但笔者担忧的是，赋予"立法回避制度太多的使命和期盼"，将一项本来只是消极被动、例外适用的回避制度常规化，将其视为医治法律制度顽症的灵丹妙药，过度夸大政府立法回避制度的作用，可能就会弄巧成拙，伤害立法回避制度，也有损政府立法

---

① 汪全胜：《立法回避制度论》，载《山东大学学报》（哲学社会科学版）2004 年第 4 期。

② 沙苗苗：《论立法回避制度对我国环境保护税法的启示》，载《环境与可持续发展》2016 年第 3 期。

理性。

立法的实质是制定普遍性的行为规范，规定人们在多种不同社会关系中的权利、义务以及责任，以确立多种共同体的运行秩序。对于同立法活动有直接利害关系的部门包括政府部门、单位和个人，在立法过程中应该保障其知情权、参与权，充分听取其意见。而基于立法回避制度将有关政府部门拒于立法程序之外是不公正的。遏制地方立法的政府利益，克服地方立法部门化倾向，消除长期以来存在的"政府权力部门化、部门权力利益化、部门利益法制化"的痼疾，更需要采取扩大参与和强化博弈的方法（包括扩大多种不同利益群体、不同利益阶层的公众的参与和博弈，也包括扩大多种有不同利益的政府部门和公权力机关的参与和博弈），让立法在公开和监督下进行，而不是采取让有关政府部门回避的方法。

### 2. 从学者视角看立法回避制度

我国行政机关已经从一个消极的"守夜人"一跃而成为一个积极的管理者。这已经大大超出了政府权力的承受范围，但政府对权力的这种扩张欲似乎并没有满足。"部门立法中还呈现了管理对象的权利弱化并缺乏必要的救济程序，管理者的权力强化而缺乏责任追究程序的发展趋势。"[1] 换言之，部门立法排斥了博弈主体的多元性，特别是法案审议过程的民主缺位使得立法过程难当分配正义之责。如2005年，一篇有关国家发改委、国家工商总局和商务部等三部委争夺《反垄断法》的立法起草权，致使其出台受阻的报道引起了人们的关注。尽管商务部随后表示这一说法失实，但不可否认在我们的立法中存在广泛的部门之争。我们看到的不是各个部门为了维护其所代表的群众利益而博弈，而是为了可扩张的反垄断的权力而相互争夺，其中不乏私利的考虑。

---

[1] 邓聿文：《必须实行立法回避制度》，载《民营经济报》2005年1月13日，第4版。

"利益"，尤其是"私利"二字更能淋漓尽致地反映立法回避制度产生的原因。但是妄图以"立法回避制度"一劳永逸地压制甚至消除腐败，显然是不切实际的。因为立法回避制度的缺陷也很明显。回避制度在法律领域的运用，首先出现在司法领域。其目的是防止枉法裁判，推进个案公正。随后，该制度扩展至行政法领域，主要适用于抽象行政行为作出时，为了保障制度的公正性以及公共利益，将某些利益相关主体排除在行政立法制定主体之外。目前，立法回避制度已为世界多数国家的行政程序法律体系所接受。[①]然而，部门立法要求最熟悉该事项的主体来制定法律和规则，为的是其可以利用本身的专业知识和行政经验优势，令其"回避"，也是一种浪费立法资源的表现。因此，立法追求的根本是达到形式正义与实质正义，不能因为一直无法有效遏制部门立法中过度追求"私利"，而将立法根本弃之不理。强化立法过程中权益的竞争同样是遏制权力部门化的有效方式，如今欠缺的是整合立法参与主体，提供立法参与平台。

## （二）立法回避制度的缺陷对立法博弈机制的论证

现代立法是社会主体间通过协商所共同达成的合议。它不仅要求所有受这个合议约束的当事人参加，而且要求必须在他们共同同意下达成。没有利益相关人的一致同意，合议不能成立。在立法活动中，特别是在政府立法中，政府各部门无疑是利益相关者。但行政相对人、社会各守法主体同样也是利益相关者，都是行政法规要规范的利害关系人。如果说行政机关是直接利害关系人而需要回避，那么，行政相对人、守法者是不是也都需要回避？谁又是纯粹的第三方非利害关系人呢？立法回避制度产生的初衷在于破除"政府权力部门化、部门权力利益化、部门利益法制化"的痼疾，却没有充分

---

① 金荣：《刍议我国行政程序法治化下的回避制度》，载《中国集体经济》2014 年第 12 期。

考虑到政府部门掌握着最多的立法资源，又具有专业性的立法知识，我国宪法和《地方各级人民代表大会和地方各级人民政府组织法》将行政立法规定为特定行政机关的法定职责，有关法规将行政立法的起草或者组织起草规定为相关部门或者机构的法定职责。因此，实行所谓政府立法回避不具有合法性。立法回避制度恰恰是把政府部门从法律中获得的立法职能"回避"了，在某种程度上也可以视为政府"不作为"的表现。

　　立法过程其实是一个利益博弈的过程，不同利益群体通过博弈、妥协、让步，最终达到一个兼顾各方利益的平衡点，形成妥协，达成共识。不容忽视的是，这种博弈应体现在立法的每一个环节，如议案的提出以及草案的拟定、审议和通过等都应当为不同的利益集团提供一个合理的竞争平台并保证国家整体利益的实现，如此方能显现法律公平公正的精髓。因此，就立法的本质来讲，利益相关者不但不能回避，而且要各方最大限度地参与。只有在广泛的参与中，让社会各方积极发表意见和建议，从各自的立场出发对利益冲突方的意见展开质疑和辩论，将道理摆在桌面上，公正才能显现，私欲才无处遁形。这是因为，只有利益者本人才能最充分地发表主张，最有力地抑制对方利益的膨胀。因此，立法无须回避，越是利益相关者越是需要参与，在参与中表达自己的主张，争取自己的利益。而正是通过参与者相互间的充分较量和反复博弈，立法者才能全面掌握信息，充分权衡利弊，从而制定出相对完善与公正的法规。所以，"目前我国部门立法和地方政府立法的问题，不在于政府部门的能否参与，而在于是否只有他们的参与而排斥其他社会主体的参与；在于部门立法和地方政府立法是否完全是政府一方的发号施令，完全主导和左右着规章、甚至行政法规的制定，这才是最大的问题"。[①]

---

　　①　侯淑雯：《回避何如立法博弈》，载《法制日报》2007年11月5日，第3版。

### （三）立法回避制度是立法博弈机制的阶段性成果

立法回避制度存在的根本目的在于防治腐败、追求公正，破除"政府权力部门化、部门权力利益化、部门利益法制化"的痼疾。虽然立法回避制度的实施缺陷大过优点，但这仍是积极追求立法公正的一种表现，"回避"了立法活动中占绝对优势的行政权力主体，将利益分配天平倾向于弱势群体，给予利益关系的弱势群体话语权，提高其他利益关系主体的立法利益博弈比重，正是一种重视公平正义的表现，但也是立法博弈的一种不成熟的表现形式。不仅如此，从政府部门之间对立法利益的竞争中可以看出，"同为政府权力分支，而各有部门利益，其在竭力维持自己垄断地位的同时，并以削弱竞争者的垄断优势为辅助，于是演来此番博弈，正为'立法博弈'的活生生写照"。[①] 只是这种"利益博弈"欠缺太多的正当性。我们应当承认它在反腐败和追求立法公正方面所做的尝试，肯定它对我国立法改革的影响。但我国立法改革要始终坚持民主立法、科学立法、依法立法的指导思路，建立科学的立法博弈机制，为立法的合理性、合法性和科学性做出贡献。

## 三  立法博弈机制的完善

### （一）完善利益表达机制

在利益关系主体多元化的今天，利益表达的问题，特别是弱势群体的利益表达问题，已经是一个无法回避的问题。建立起相应的利益关系主体表达机制，是建构立法博弈机制的首要环节。但利益表达的方式是多种多样的，

---

① 许章润：《从政策博弈到立法博弈——关于当代中国立法民主化进程的省察》，载《政治与法律》2008 年第 3 期。

应当引导社会组织、社会公众以理性化的方式表达自己的利益要求，更要通过法律的方式来保障公民表达权的实现。这是因为，在立法中进行的利益博弈对利益关系主体显得尤其重要，利益关系主体就无法对享有的权利置之不理。所以，以立法的方式从根本上赋予公民参与立法的权利，才能切实保障利益博弈的实质性实现。

## （二）应当培育或法律授权立法博弈的适格主体

我国正处于社会转型和利益主体多元化形成的过程中，经济利益的多元化和利益诉求的多样化都要求在立法中有不同利益主体的参与。但是，我国民众与政府之间的交流互动机制还有待进一步拓宽，保障民众提出批评和建议的权利。为此，这就需要充分发挥人大代表和政协委员的民意表达功能，通过他们将民意及时、准确地传达给立法机关，形成博弈机制，以防止强势群体的"过度表达"和弱势群体的"无力表达"。同时，积极推动利益表达主体的组织化。这就要求发展社会团体组织，使不同的群体、阶层形成利益团体，这有利于增强其利益表达力量。诸如行业协会等社会团体组织应当在代表及表达其成员的利益方面做出更多的努力。

## （三）应当逐步建立和规范利益博弈的制度平台

建立和规范利益博弈的制度平台，使各个利益群体积极参与，如将立法听证会、座谈会、意见征集等方式作为立法的必要环节，使意见征集真正起到作用。立法博弈平台的完善，一方面可以促使立法更完备、科学，另一方面也可以培育公民参与政治的热情，提高公民的法律意识，从而带动整个社会法制环境和法律制度的发展。立法博弈平台必须保证"透明度"，避免"暗箱操作"和"形式主义"。如果法律的制定过程、执行过程能做到向社会公众开放，那么利益的流向也将透明化，呈现各利益主体博弈后的"利益均沾"的格局。所以我们应当理性地看待部门利益及其表达的合理性，并将立法过程的重点放在向社会开放、鼓励社会公众参与上，同时应当鼓励代表各方面利益的组织有效参与立法，使各个利益主体能够有机会、有能力充分参与博弈，使制定出的法律最终实现多元利益的平衡，从而有效地制约和消除部门利益的不当扩张。

综上所述，立法回避制度只能算是一次"因噎废食"的立法改革尝试，立法博弈机制才是顺应时代脉搏、紧跟法制建设步伐的有效改革，至少在一定程度上，它为多元利益提供了公开的竞争平台，也更加有利于防止败坏分配正义的暗箱操作。中国今后要引入公民参与立法的有效机制，强化立法的民主性与公开性，以期获得立法博弈的利好，而避免其沦为强权游戏的悲剧。但值得注意的是，立法博弈也需要注意到区域协同效应，"地方立法间的非合作博弈会导致地方立法在规定公民权利义务、行政收费方面的不统一，容易产生许多社会问题和矛盾"。[1] 因此，立法博弈制度更多的是在强调同一行政辖区内不同立法参与者从静态博弈转向动态博弈。[2] 而面临跨区域立法时，立法协同将优先于立法博弈。

---

[1]　罗建明：《长三角区域一体化国家战略下地方立法的思考》，载《人大研究》2019年第5期。

[2]　熊琼、孙冠豪：《地方立法与公众参与机制探析——基于博弈论视角的考察》，载《南海法学》2017年第1期。

# 第五章　非合作博弈机制如何作用于现代立法

如何协调行政区域内各方立法主体的意志，以达到法制均衡的目标，从而消除立法的不科学性引起的立法资源的不合理配置以及地区性公共问题呢？协调各立法参与者的立法策略，并在此基础上针对重大公共问题进行专门立法，就是消除这种制度性障碍的根本途径。当然，代表各利益的立法参与者总是追求对于自身最为有利的立法模式和法律规范设计，以避免既得利益和可得利益的损失，建立有利于提高自身所代表的利益群体主体社会地位的法律规范。所以，协调行政区域内代表各利益群体的立法参与者的立法策略，建立有利于公共问题有效解决的立法模式，是我国立法部门构筑可持续发展法律体系的重要任务。但由于各利益主体的认知差异和利益差别，由传统的行政区立法体制中衍生出立法的过程是一个各利益主体的相互博弈过程。各利益主体之间的博弈过程和博弈策略，深刻影响着立法目的的实现。基于此，本书试图以非合作博弈理论作为分析工具，通过"囚徒困境"的启示，考察各利益群体在立法过程中的相互作用关系，以期对这一立法过程有一个理性的把握，并对可能出现的博弈困境给出相应的解决办法。

# 一 "囚徒困境"的立法学启示

"囚徒困境"自产生至今一直是博弈论研究的重要课题，现在的法学界也有许多人对这一问题进行了研究。"囚徒困境"是两个犯罪嫌疑人作案后被警察逮捕，分别关在不同的屋子里审讯，如果两个人都坦白，那么每人判刑8年；如果两个人都抵赖，每人各判刑1年；如果其中一人坦白，另一人抵赖的话，坦白的人释放，抵赖的人判刑10年。这里每个囚徒都有两种策略：坦白或抵赖。在这个博弈中，两位囚徒达成的均衡状态是（坦白，坦白），学术界称之为"纳什均衡"（见图5-1），它是局中人理智选择的结果。

**图5-1 "囚徒困境"策略矩阵**

尽管从总体上看，（抵赖，抵赖）是对两个人最有益的结果，但由于无法构成纳什均衡，所以不是该博弈的解，给定B坦白的情况下，A的最优战略是坦白；同样，A坦白的前提下，B的最优战略是坦白，A与B最优战略的组合却不是总体最优的选择，有没有可能其中一个选择抵赖呢？约翰·纳什认为，按照理性人的经济学假设，"理性的预测应该是能够使博弈的参与人推导并利用，并且每个参与人都具有预料到其他参与人行为的知识，不会导致他的行为与预测矛盾"，同时纳什又假定了"参与人能够积累关于各种纯策略被采时的相对优势的实证信息"。所以没有人会积极地选择"抵赖"。这是因为，如果对方坦白的话，自己就可能判刑 10 年，理性的人是不会冒这种险的。"囚徒困境反映了一个深刻的哲学问题：个人理性和集体理性的矛盾。个体为了自己的利益最大，而不愿意改变决策（改变决策的结果是不划算，招了之后惩罚严重），导致整体利益最小。这样的情景就是个体与环境博弈的结果，这种状态就是博弈论中所讲的'纳什均衡'，又叫做'全局博弈均衡'。"[①] "纳什均衡"虽然是由单个人的最优战略组成，但并不是一个总体最优的结果。如上述，在个人理性与集体理性冲突的情况下，各人追求利己行为而导致的最终结局是一个"纳什均衡"，也是对所有人都不利的结局。因此，我们可以在"囚徒困境"中得到这样一个结论：一种制度（体制）安排，要发生效力，必须是一种纳什均衡，否则这种制度安排便很难成立。

在立法过程中，立法参与者对于所立之法的争夺，实则是对未来权利的争夺，此一过程实质是利益之间的博弈和民主参与的价值理念的彰显。而博弈的基础在于博弈主体的平等性。它是保障博弈行为平等性、合意愿性的根本。当然，利益主体之间并不会完全平等。各方的利益追求也会存在某种程度上的差异。但最终，每一方博弈主体都有自己的博弈底线，双方会在博弈底线之上加以竞争，此消彼长，最终双方将在整体上趋于平稳。

博弈理论的"囚徒困境"对这种利益间的博弈解释得较为清楚，两个囚徒都想把自己的利益最大化，而这种利益最大化的前提是双方必须获得平衡，所以双方从极坏的可能出发寻求最好的结果。一个理智的囚徒就是在考虑利益索取的时候要考虑利益付出，也就是过多的索取会导致可能引起的过度的付出，这样一来，每个人会采用相对克制的利益索取态度，而最终目的是使可能得到的利益最大化。只有当他们都首先替对方着想时，或者相互合

---

①　郭鹏、杨晓琴：《博弈论与纳什均衡》，载《哈尔滨师范大学自然科学学报》2006 年第 4 期。

谋时，才可以得到最短时间的监禁的结果。同样，在立法过程中，立法机关应当充当"囚徒困境"中的检察官角色，在考虑利益之间相互影响的前提下，兼听错综复杂利益主体的呼声，甄别哪些利益是应当得到承认的，哪些是不应当在立法中保护的，最后以法律形式予以确认并通过法律的实施给予确切的保障。

博弈过程中明显处于弱势的参与者，如行业协会、私营企业与公民大众，都希望一切利益竞逐依法进行，将是非交由程序正义公断，无论立法结果如何，民主参与的现代法律价值理念已经得到了体现。正如《立法法》第5条的规定："立法应当体现人民的意志，发扬社会主义民主，保障人民通过多种途径参与立法活动。"根据马克思主义的一般原理，没有人民的参与，没有人民的力量，现实的法律很可能就不是人民需要的法律，甚至可能是恶法。所以，唯有民主立法才是法治的保障。"立法博弈在根本上体现的也就是民主参与的价值理念。因此，不论是对于己方利益的主张，还是对于竞争者主张的驳斥，各方均应以法制为凭，引经据典，证明自己的立法策略才是最有利于社会整体利益的。"① 这一博弈过程展现出的是民主参与的价值观念，而最终立法者的彼此让步、妥协便构成了一个"纳什均衡"，即立法的博弈解。

## 二　立法中的非合作博弈过程分析

基于立法理念在各个利益主体间的趋同，各利益主体之间在己方立法方案内通过参与立法博弈的方式来协调彼此之间的利益冲突，在彼此策略内找到各利益群体均衡点，是立法博弈完结的重要基础，也是立法参与者各方

---

① 许章润：《从政策博弈到立法博弈——关于当代中国立法民主化进程的省察》，载《政治与法律》2008年第3期。

共同的利益追求。法律的制定是建立在各立法者对于同一行政区域内共同利益的高度认同基础上的，即认为以立法为基础的公共问题治理方式的实施会为立法参与者各方带来巨大的治理效益，促进本区域整体社会生活水平的提高。而每一次立法博弈结果的实行又必定引起利益格局的重塑，所以在立法方案和立法草案的形成过程中，立法参与者各方必定有一番利益博弈。下面我们借助非合作博弈模型来分析立法参与者之间的博弈关系，探究他们各自的博弈策略均衡点。根据非合作性立法博弈模型，在立法博弈过程中，各立法参与者是代表各自利益群体的理性人。为了便于描述，模型假定立法博弈中有两个参与者（实际生活中存在更多的立法参与者）——立法参与者 A 和立法参与者 B，A 与 B 两个利益群体各自追求自己的利益最大化，并尽力在立法过程中争取到有利于自己的条款。参与双方的选择策略和收益如下：如果双方均着眼于法律制定后的可得利益而采取参与博弈的态度，则各自得到 8 个单位的收益；如果一方选择参与博弈，而另一方选择不参与立法博弈，则选择参与立法博弈的一方会因对方认可自己的立法策略而得到 10 个单位的收益，而选择不参与博弈的一方也因法律的社会效应而得到 2 个单位的收益；如果双方均选择采取不参与博弈的态度，就会因没能从法律中获得更多的权利而使双方的可得收益仍保持在原有的 4 个单位。立法参与者 A、B 的立法策略选择的收益矩阵如图 5-2 所示（其中前一数字为 A 的收益，后一数字为 B 的收益）。

|  |  | 立法参与者（B） | |
| --- | --- | --- | --- |
|  |  | 参与 | 不参与 |
| 立法参与者（A） | 参与 | 8, 8 | 10, 2 |
|  | 不参与 | 2, 10 | 4, 4 |

**图 5-2　两个立法参与者之间的非合作博弈收益矩阵**

如果 A 和 B 都选择参与博弈态度或不参与博弈态度，则会出现两个纯策略博弈解：(参与，参与) 和 (不参与，不参与)。如果立法参与者 A 知道 B 选择了"参与"，则 A 的最佳策略是"参与"，因为一旦他采取了不参与博弈策略，双方均将陷入"不参与"的困境。因此，只要一方采取参与博弈策略，那么双方均愿意采取参与博弈策略，形成正和博弈局面下的"双赢"局面，即 (8，8)，这是一种理想的博弈均衡结果。例如《反垄断法》的制定过程，就是商务部、原国家工商管理总局和国家发改委相互博弈的过程，虽然最后因竞争激烈由上级机关——国务院组建"反垄断委员会"而告终，但是在随后组建的反垄断执法机构中，上述三个机关均分得了部分权力，分别成立了反垄断局、反垄断与不正当竞争执法局、价格监督检查司，从而达到了"纳什均衡"，这不能不说是立法博弈的结果。但是如果双方存在误解，或无法准确判断对方博弈策略，抑或害怕自己的立法策略不够完善而有可能损害到现有的利益，那么结果就将是采取不参与博弈，因为只有选择不参与立法博弈才能最大限度地减少损失，这种策略也是对对方不参与博弈策略的最佳回应。所以在互不信任或存在信息交流障碍的时候，立法博弈将是一种典型的非合作博弈，"囚徒困境"则是必然的博弈结果。

　　开放式博弈立法模式依赖于各立法参与者理性的"集体行动"，而"人心的理性是有限的，建立新制度是一个消费时间、努力和资源的过程"。[①] 如果各立法参与者能进行良好的信息沟通，建立双边或多边的协商机制，就能够有效地降低谈判费用，实现整体利益的提升并非没有可能。但是，立法博弈并不必然带来一部良法，只是提高制定出良法的可能性。这是因为不同群体参与立法的能力存在较大差距。在我国，行政机关掌握着最多、最全的公共数据，因此可以说，行政机关属于具有天然立法参与优势的立法参与主体。而社会公众在公共数据的掌握上，几乎可以忽略不计。虽然大数据的社

---

① 　林毅夫：《诱致性制度变迁与强制性制度变迁》，载盛洪主编《现代制度经济学》(下)，北京大学出版社，2003，第389页。

会化应用，让社会公众了解到更多的立法数据，但这并不足以支撑国家立法的庞大数据需求。因此，数据的掌控者——行政机关、互联网巨头——更可能提升立法的科学性，但只有公众参与才能解决立法的民主性问题。在此意义上，立法博弈在很大程度上与民主立法有关，而与科学立法的关切度则稍微低一些。也就是说尽管在立法过程中为各利益群体提供了公平博弈的平台，但这种利益博弈的结果并不一定是良法。如果某个立法参与者力量弱小，则产生的法律完全可能只体现在立法中占有优势立法资源的立法参与者的利益，这样的法律因为过分注重权利或利益的分配而与良法相去甚远。此外，立法博弈仅仅是利益群体众多博弈中的一个，社会中的收入分配问题不可能仅仅靠制定法律就可以完全解决。立法博弈只是提供了一个程序正义的平台，实质的正义才是人们最终的追求。因此，既然问题是在博弈过程中出现的，那么用非合作博弈理论解决这一问题也未尝不可。

## 三　弥补立法中的非合作博弈缺陷的途径

在利益群体已经多元化的今天，利益表达的问题，特别是弱势群体的利益表达问题，已经是一个无法回避的问题。面对大量的公共问题以及法律与社会严重脱节的情况，各立法参与者都应当认识到，传统"闭门造车"式的立法模式必须向开放式的博弈立法模式转变。但各立法参与者不同的认知程度和利益权衡导致彼此在立法模式选择上存在较大的差别，这些差别是导致各方在立法过程中不参与博弈的起因。在现有的体制下，某个立法参与者在立法过程中可能占有绝对竞争优势地位，于是就不愿制定法律来撼动其优势地位，或者利用自身所掌握的优势来压制其他参与者。一般来说，各立法参与者所掌握的立法资源和他们对立法的作用力是有差异的。如果通过原有的"闭门造车"式立法模式来制定法律，则立法机关所制定出的法律可能因与社会脱节，或者未能反映其他群体的利益需求而沦为"恶法"或欠缺社会基础的法。在立法博弈中处于劣势的利益群体也可能因立法程序的不公正性而放弃积极的参与态度，这样，立法机关最终制定出的法律将大打折扣。欲使弱势群体积极参与立法，立法者和拥有较多立法资源的参与者一方面应使弱势群体认识到制定民主参与的法律不仅仅是营造出有利于彼此的环境，更强调法律秩序下的合作与发展，另一方面应承诺在法律的制定过程中充分考虑弱势立法参与者的正当利益而采取一些利益倾斜手段，这样可提高弱势参与者参与立法的意愿。另外，还应当设立理性的表达机制，这一机制应当使弱势民众、利益群体的参与有切实效果，而且需要将民主参与化为一种不可剥夺的权利和制定法律的必经程序。法定的权利是利益的最好保障，由此，在立法中进行的利益博弈对利益群体就显得尤其重要。笔者认为，建立民主参与利益表达机制的根本在于立法制度的改革，只有从根本上赋予公民立法参与权利并对立法进行监督才能使立法博弈走出程序正义的"怪圈"，如果连基本的参与权利都没有，公民尤其是那些弱势群体又如何去追求实体正义？

在立法过程中，立法参与者之间并不仅仅存在一个博弈，博弈方也并非只有两个。实际立法过程中的立法参与者的数目很可能会在两个以上，在存在三方或多方博弈的情况下，立法参与者的策略选择彼此之间会有较大不同。以三方为例，假定在立法博弈中三个立法参与者进行博弈，且这种博弈是多次的、动态的，则对任何一个立法参与者而言，如果另外两个参与者采取合作的方式，而自己选择不合作的方式，则通过制定法律得到的利益可能会少于采取合作方式的两个参与者。而另外两方将获得更多的利益，因此，理性的第三方也会考虑采取合作的方式，毕竟在立法过程中，由于立法参与者各方所代表利益的差别，各立法参与者是既竞争又合作的关系，他们之间存在的博弈并不会只有一个。因此，弱势群体采取合作方式的时候，就可能会为他们提供对抗优势立法参与者的实力，从而在立法中占据一定的地位。各立法参与者通过长期的协商交流，会逐渐形成一种合作意识。这种合作意识的形成有利于使各立法参与者的立法逐步顾及社会共同利益，并且随着合作意识的增强，特别是对开放式博弈立法模式认知水平的提高，各立法参与者将逐步进入深层次的沟通。在这种模式的立法过程中，立法学界与实务界对现代立法的推动作用也将凸显出来。从现在的情况来看，"我国一些经济一体化区域内的地方立法机关已经形成了一定的双边或多边协商机制，这些协商机制的良性运作不仅为地方立法机关间推动区域性公共问题的立法协同化提供了有效的路径，而且随着合作的加深，其协商的内容也变得更加有效和丰富，约束力也逐步增强"。① 而且国外也有许多区域协同立法的成功案例，这也为我国立法中的弱势群体提供了开放式博弈立法模式的知识和经验。

立法过程实际上是一个相关利益群体多方博弈的过程，在此过程中，利益群体的积极参与使得各个参与者都能够为自身利益进行博弈而最终达到"纳什均衡"。博弈过程有赖于博弈机制的构建和完善，使其成为不同利益主体的制衡与平衡的平台，也使得立法更能够反映民意。而在立法中保护弱势群体的利益，一直是一个难题。而通过弥补非合作博弈的缺陷，同时设定民主立法参与和参与者合作机制，可以加强对弱势群体利益的保护。另外，从传统"闭门造车"式立法模式过渡到开放式博弈立法模式是一个漫长、曲折的过程，因为它不仅仅需要立法体制的改革，以及政治、经济、社会等多个方面的配合，还需要各级立法机关、行政机关及相关部门等不同主体转变立法理念。而要实现立法的真正民主化，仅仅靠这种利益群体自发地参与博弈

---

① 　罗俊杰、易凌：《区域协同立法博弈分析》，载《时代法学》2009 年第 2 期。

是不够的。立法机构必须担负起民主立法"引路人"的职能，通过协调、商议寻求使各方都获得正当利益的"全赢"博弈策略，并建立起博弈的常态机制，让法律真正反映最大多数人的最大利益。这对社会和法律的可持续发展具有重大的意义。

# 第六章 区域立法及其协调机制完善

区域立法是立法博弈理论在不同行政区划立法主体之间运用的实践革新。相较于传统的地方立法博弈，区域立法打破了原来的单个行政区域内部立法参与主体之间的博弈，转而强调不同等级的行政区域甚至不相临近的行政区域之间的交流沟通、利益博弈与协同立法。公丕祥认为，区域在主权国家内部，是一个关于行政管辖层级的地区集合概念，往往基于地缘关系而形成。[①] 目前，我国在区域立法上涌现出多个经典立法例，比如京津冀一体化、[②] 长三角区域一体化、珠三角区域一体化，以及 2017 年提出的粤港澳大湾区法治协同建设等。这些立法例，充分显现出区域立法在现代法治国家建设中的重要地位。鉴于区域立法的新颖性与发展性，我们不妨选取一个区域立法的实例——山东半岛蓝色经济区——深入探讨区域立法面临的立法挑

---

① 公丕祥：《区域法治发展的概念意义：一种法哲学方法论上的初步分析》，载《南京师大学报》（社会科学版）2014 年第 1 期。

② 张瑞萍：《京津冀法制一体化与协同立法》，载《北京理工大学学报》（社会科学版）2016 年第 4 期。

战、立法创新以及机制协调问题。

2011 年初，国务院批复了《山东半岛蓝色经济区发展规划》（以下简称《规划》），确立了我国第一个以海洋经济为主题的海陆一体发展战略，同时也标志着海洋经济发展和海陆协同发展被纳入国家发展战略。所谓蓝色经济区是指"依托海洋资源，以劳动地域分工为基础形成的、以海洋产业为主要支撑的地理区域，它是涵盖了自然生态、社会经济、科技文化诸多因素的复合功能区"。①

山东半岛蓝色经济区所含海洋区域包括山东全部海域，陆地部分主要是连接海洋的行政区域，包括青岛、东营、烟台、潍坊、威海、日照 6 市及滨州市的无棣县、沾化区所属陆域，其中海域面积 15.95 万平方公里，陆域面积 6.4 万平方公里。《规划》指出，山东半岛蓝色经济区的规划期是 2011~2020 年，重点发展阶段在"十二五"期间；发展目标是"到 2015 年，山东半岛蓝色经济区现代海洋产业体系基本建立，综合经济实力显著增强，海洋科技自主创新能力大幅提升，海陆生态环境质量明显改善，海洋经济对外开放格局不断完善，率先达到全面建设小康社会的总体要求；到 2020 年，建成海洋经济发达、产业结构优化、人与自然和谐的蓝色经济区，率先基本实现现代化"。山东半岛蓝色经济区建设的时间跨度将近 10 年，而且在众多领域都需要面向国际市场，应对国家竞争，政策支持无法在如此长的时间内一成不变地给予经济区稳定的支持。而且对于整天将法律揣在口袋里的西方发达国家投资者来说，政策支持固然能够使他们得到许多利处，但他们对政府这种"恶"的天然不信任感也必将影响经济区的长远发展。因此，单纯依赖国家和地方的政策支持显然已经无法满足山东半岛蓝色经济区发展的需要，为了保证经济区发展目标、发展思路的长期稳定，将相关政策真正法律

① 陈明宝、韩立民：《蓝色经济区建设的运行机制研究》，载《山东大学学报》（哲学社会科学版）2010 年第 4 期。

化、制度化才是现今山东半岛蓝色经济区发展的迫切要求。

# 一 山东半岛蓝色经济区的发展离不开立法协调

现今各国经济的发展已经证明了独具自身特点的法律制度在促进经济发展方面具有无可比拟的优越性。尽管各国在不同特色的经济区域内实行的发展模式不尽相同，但成功的经验中无不存在法律的因素。例如，美国"硅谷"高新科技园区依托地方惯例与政府立法相结合的方式建立了适应自身情况的法制环境，最终对高新科技园区的发展起到了巨大的推动作用。山东半岛蓝色经济区作为我国第一个以海洋经济为主题的海陆一体发展的经济区，必将面临无数的难题，法律的引导、评价作用在解决区域发展难题、协调区域内部矛盾方面具有独特的优势，因此，建立、健全法律保障机制是山东半岛蓝色经济区发展的急迫需求，具体体现在以下几个方面。

## （一）法治保障作用决定了立法协调的必然性

在市场经济条件下，经济区的发展必须有一套完备的法律作为支持。"法律既不是消极被动地反映经济关系，也不是仅从经济关系的外部对经济运行产生作用，它是经济发展的内在要素，对经济运行起着极其重要的作用。"[①] 山东半岛蓝色经济区的建设刚刚起步，目前缺少地方性法规作为支撑，而且以依托海洋资源为主、海陆协同发展的开发模式在国内没有经验可循，由此产生了许多未曾出现的矛盾。此外，在经济区建设过程中，许多细节性的问题，不能单纯依靠《规划》和政策来作为指导。《规划》只能对经济区发展过程从宏观层面做出规定，而且仅仅起到指导性作用，在微观调控方面

---

① 〔德〕柯武刚、史漫飞：《制度经济学：社会秩序与公共政策》，韩朝华译，商务印书馆，2000，第35页.

不能做到具体明确，内容缺乏可操作性。这也在一定程度上显现出我国区域立法的强制力和执行力较低。[①] 山东半岛蓝色经济区出台的一系列优惠政策在短期内可以对经济区的发展产生积极的影响，但随着时间的推移，尤其蓝色经济区存在 10 年的建设跨度，政策的不稳定性特征将逐渐暴露出来，地方发展重点的转移，政策之间的互相冲突，最终会使"优惠政策"成为阻碍经济区发展的桎梏。由此看来，只有通过地方立法的方式，确定《规划》和政策内容的权威性，才能有效保证经济区建设朝着预期目标发展。正如李培传所言，"法律、法规的价值和作用都是直接或间接地为保护和促进社会生产力发展而存在的，这正是法律、法规的价值和生命力之所在"。[②] 因此，法律对经济发展的保障和促进作用才是山东半岛蓝色经济区发展迫切需要特别法的重要原因。

## （二）区域性立法是区域规划的客观需要

《规划》中明确提出了经济区的战略定位、发展目标、海陆空间布局和海陆基础设施建设等方面的建设要求，并将规划完成期设定在 2020 年，在如此长的战略发展期内如果单凭《规划》这一目标预想来统筹海陆、地域的发展，困难不可谓不小。而法律有国家强制力做后盾，对社会秩序具有很高的规范作用，并且对于破坏社会经济建设的行为具有明显的约束力。山东半岛蓝色经济区发展所涉及的城镇建设、科教兴海、政府推动、海洋生态文明建设、保障措施等一系列问题的有效解决，无不需要法律制度的保障。

　　具体说来，山东半岛蓝色经济区构建完善的法律保障机制是经济区应对外来投资者、吸引外资注入的必然要求。政策支持已经成为我国各地方政府招商引资的普遍手段，其对于提高外国投资者的投资兴趣具有一定的积极作

---

① 参见王超锋《我国区域环境立法机制的构建探究》，载《宁夏社会科学》2017 年第 1 期。

② 李培传：《中国社会主义立法的理论和实践》，中国法制出版社，1991，第 30 页。

用，但是山东半岛蓝色经济区的发展需要稳定的投资环境，政策的易变性不足以支持经济区近10年的建设，而法律制度作为一个国家规定的较为稳定的行为规范，能够明确投资双方的权利义务关系，更好地保证外国投资者的合法权益，提高投资者的投资信心，从而增加整个经济区的资金注入和技术支持，实现经济区建设的良性发展。此外，法律规范除了具有规范民间行为的作用外，其对公权力的限制作用也成为经济区需要法制保障的重要原因。将《规划》内容上升到法律层次，有利于保证行政机关合理合法行政、司法机关公正司法。一个依照法律规定行使权力的政府能够带动经济区法制环境的明显改善，从而在经济区内形成良好的投资环境和市场秩序，这种良性互动对经济区的经济发展、社会进步都有着巨大的推动作用。

## （三）区域性立法是区域协调发展的必然要求

山东半岛蓝色经济区作为我国第一个依托海洋资源，谋求海陆一体发展的复合型区域，其所面临的发展机遇前所未有，但它也面临着复合型经济区开发经验不足的问题，这就不免加剧海洋经济发展与陆域经济发展之间的矛盾。同时，山东半岛蓝色经济区的发展不同于以往其他沿海区域的开发，它的开发重点是海洋资源，并遵循依托海洋资源实现从海域开发到陆域开发，最终实现山东半岛的总体发展的路径，山东半岛蓝色经济区的这种建设模式对生态环境、海洋文化和社会经济的影响会更加巨大，其主要反映在两个方面。一是对海洋资源的开发势必向海洋索要更多的资源，而现在地方经济发展过分注重经济效益，对生态环境的保护往往只是持消极的态度，"先污染，后治理"的环保方案曾在地方环境保护领域造成严重的后果。二是经济区开发新旧观念之间的冲突。海陆一体协同发展模式虽然强调将海洋开发作为主体，但人们对于经济区建设还是以陆域开发为重，因此，区域开发中新旧观念的矛盾对半岛经济区的发展会产生重要影响。

现今社会，可持续发展作为一种发展理念，已经为各国学者在多数领域所认同，并在实践中得到了广泛应用。它是指在满足当代人的需求和发展的情况下，不危害后代人的需要和发展，实质是人类、自然、社会的协调、统一、可持续。山东半岛蓝色经济区的发展，应当以《山东半岛蓝色经济区发展规划》的内容为蓝本，通过制定地方性法规的方式确立可持续发展的理念，平衡海域开发同陆域开发、经济发展同区域生态环境的关系，实现山东半岛蓝色经济区开发的整体性，从而推动经济区生态、经济、社会的可持续发展，打造出山东省经济发展的又一增长极。

## 二　山东半岛蓝色经济区立法协调的法治困境

山东半岛蓝色经济区的发展离不开法治，这是毋庸置疑的。但蓝色经济区的发展不宜过分依赖长三角、珠三角发展过程中留下的经验，毕竟山东半岛有着自己的特色，更主要的是有着自身发展所特有的矛盾。

### （一）海陆一体的区域立法模式在我国缺乏经验

经济区的发展需要借助立法的方式完善保障机制，因此，采用何种立法模式来制定经济区的法律便成为经济区发展的一项重要课题。立法模式是指"一个国家创制法律的惯常套路、基本体制和运作程序等要素所构成的有机整体"。[1] 我国以往经济区的立法工作，主要是针对单一类型的经济区，如长三角经济区、珠三角经济区。二者虽然都濒临海洋，但经济区的建设主要是在陆域进行深层次开发，而且立法的重点都是如何促进陆域经济、社会、生态的协调发展，由此获得的立法经验在很大程度上不适用于山东半岛蓝色

---

[1]　江国华：《立法：理想与变革》，山东人民出版社，2007，第 245 页。

经济区。山东半岛蓝色经济区是依托海洋资源，以海洋产业为支撑的海陆综合经济区，其立法模式自然不同于我国其他陆域经济区的立法模式。所以，蓝色经济区的立法模式应当以特例来看待，并勇于推陈出新，打破现有的立法模式。

山东半岛蓝色经济区这种海陆一体的发展模式目前并没有多少立法经验可以借鉴，山东省地方人大在立法工作中应当坚持在我国现行法律体系下，按照《规划》的预想，以促进海域开发和陆域开发为目标，促进本区域内的经济、文化、社会全面和协调发展。针对经济区建设的立法不仅要强调海洋和陆地的共生性，将海域立法同陆域立法整合在一部法律中，还必须围绕《规划》的内容，将战略定位、发展目标、海陆空间布局、现代海洋产业体系和城镇建设纳入立法。面对海洋产业的国际竞争，在经济区立法中也应当突出改革开放、科教兴海战略和海陆基础设施建设等方面的规定；针对海洋与陆地生态环境的保护，必须处理好海洋产业污染与陆域污染问题，蓝色经济区的建设，使得海洋不再是陆域工业垃圾的处理站，要将海洋生态环境建设同陆域生态环境建设摆在同等重要的地位。此外，蓝色经济区海陆一体式立法模式还应当克服地方保护主义，"有关立法机关之间实际行使立法权活动的协作，主要任务是保证各地的具体法律制度在出台时机上或内容上的协调或一致"，[①]确保整个经济区内生态环境、经济、社会的良性发展。

## （二）区域法治环境缺少系统的法律文件做支撑

山东半岛蓝色经济区的陆域部分主要由青岛、东营、烟台、潍坊、威海、日照6市及滨州市的无棣县、沾化区构成，部分市或县以出台地方政策的方式确定某些优惠措施，并且这些市或县为了发展经济，出台的许多政策

---

① 丁祖年：《关于我国地区间立法协作问题的几点思考》，载《人大研究》2008年第1期。

与国家法律和地方法规相冲突，突出表现在政策规定的地方性保护方面，这不仅严重削弱了国家法律的权威性，还影响了蓝色经济区的整体发展。此外，在各基层行政区域内，政策成为经济活动是否合法的依据，地方政府为了追求政绩，容忍不合法的经济行为，最终导致政策代替法律，地方保护主义代替国家权威，严重破坏了法治秩序和经济秩序。

蓝色经济区的法制供求失衡的状况更突出地表现在海洋法律方面。我国海洋立法总体落后于时代发展。1994 年《联合国海洋法公约》生效后，我国于 1996 年 5 月 15 日通过了该公约，但我国现行海洋法律体系仍未能涵盖《联合国海洋法公约》赋予沿海国的权利义务，并且我国尚未制定一部专门的《海洋资源法》，只是在相关法律中作出少许规定，如《海洋环境保护法》《渔业法》《渔业法实施细则》《水生野生动物保护实施条例》《水产资源繁殖保护条例》等，这在很大程度上影响了我国海洋资源的开发力度。山东半岛蓝色经济区在海洋经济发展中面临着生态环境保护、海洋资源开发和可持续发展等难题，而且随着蓝色经济区的发展，海域利用的矛盾会日渐突出，因此，蓝色经济区作为我国首个以海洋资源开发为主题的经济区，急需现代海洋法律制度作为其向海洋发展的重要保障。

## （三）地方立法中利益博弈激烈

经济区的建设是区域利益的整体体现，而地方利益的平衡是经济区法制化建设的重要前提。但是，经济区内的各地方之间在自身发展和利益追求上具有差异性，使得经济区各行政区域之间存在严重的利益冲突，影响了蓝色经济区的法制建设。当前山东半岛蓝色经济区内的地方利益冲突形式多样化，内容也纷繁复杂。首先，经济区发展势必要求对区域内的产业结构进行调整，地方政府先前通过政策扶持建立起的相关产业很可能因为与经济区建设规划相冲突而被撤销，这不仅会对该行政区域的相关产业发展产生消极影响，还会影响地方财政收入，从而造成地方利益冲突的升级。其次，经济区总体规划影响地方官员的政绩。目前我国政府的考核办法是以政绩为基础的，而政绩的现实表现就是经济发展水平，这就造成了地方官员发展"形象工程"和"权力寻租"现象的出现。只要地方官员认为有利于地方经济的发展，而且能够超越同地区的竞争对手，无论该产业是否适应本地区的长期发展，都会成为其制造"政绩"的手段。而蓝色经济区是以山东半岛为规划范围的国家级战略规划，其发展等级明显高于地方经济规划，很可能同地方经济规划相冲突，引起地方官员的抵制。再次，生态环境成为各地方政府缩减经济发展成本的突破口，也成为各地方发展的一个矛盾焦点。生态环境作为一种公共资源，成为各地方政府最不愿意投入资金的领域，尤其在海洋生态环境方面，海洋的流动性和净化作用使海洋成为污染物的排泄口。"由于这种跨界污染转移可以转移环境风险，一旦某个地区有意识地以牺牲其他地区的利益为代价来改善自己的环境时，这种跨界污染转移行为就不可避免地会引发地区间的矛盾冲突。"[1] 最后，即便通过区域立法方式来制定区域性条例，也无法保障各市人大在审议法规时均予以通过。[2] 因此，为了促进蓝色经济区的长期、良性发展，确立合适的蓝色经济区立法模式，制定有效的法律协调机制成为解决地方利益冲突的重要路径。

## 三　山东半岛蓝色经济区的立法协调机制

随着我国区域经济合作和各种经济区的发展，如何将区域经济合作从法律层面加以确立，使其能够以制度化规定的方式指导区域开发，成为目前区域合作开发中的一道难题。单以山东半岛蓝色经济区而论，规划区域内涉

---

① 　汪伟全：《推进区域一体化必须协调地方利益冲突》，载《探索与争鸣》2009 年第 11 期。

② 　王春业：《区域合作背景下地方联合立法研究》，中国经济出版社，2014，第 145 页。

及多个行政区域，而且经济区包括陆域和海域两种空间类型，单一地采用地方立法的方式在促进区域发展上会有所欠缺。"区域治理有别于单纯的行政辖区，区域交往的参与者更需要道德自律及社会责任意识的保持。"① 因此，从调节地方利益冲突和促进经济区经济、社会、生态可持续发展的角度来看，蓝色经济区的区域协调机制应当采用纵向约束型方案同横向契约型方案并进的策略来实现。

纵向约束性方案是指由经济区内各立法主体的共同上一级立法机关，即山东省人大制定适用于经济区范围内的地方性法规。此种方案对蓝色经济区这种在单一行政区划内存在的经济区具有积极的作用。首先，从现行法律制度的立法主体来看，山东省人大可以作为地方性法规的立法主体，其享有地方性法规的立法权，我国《宪法》第 100 条规定："省、直辖市的人民代表大会和它们的常务委员会，在不同宪法、法律、行政法规相抵触的前提下，可以制定地方性法规，报全国人民代表大会常务委员会备案。"《立法法》第 63 条第 1 款规定："省、自治区、直辖市的人民代表大会及其常务委员会根据本行政区域的具体情况和实际需要，在不同宪法、法律、行政法规相抵触的前提下，可以制定地方性法规。"其次，从立法的内容来看，《立法法》第 73 条对地方性法规可规定的事项作出了如下规定："（一）为执行法律、行政法规的规定，需要根据本行政区域的实际情况作具体规定的事项；（二）属于地方性事务需要制定地方性法规的事项。除本法第八条规定的事项外，其他事项国家尚未制定法律或者行政法规的，省、自治区、直辖市和设区的市、自治州根据本地方的具体情况和实际需要，可以先制定地方性法规。在国家制定的法律或者行政法规生效后，地方性法规同法律或者行政法规相抵触的规定无效，制定机关应当及时予以修改或者废止。设区的市、自治州根据本条第

---

① 眭鸿明：《区域治理的"良法"建构》，载《法律科学（西北政法大学学报）》2016 年第 5 期。

一款、第二款制定地方性法规，限于本法第七十二条第二款规定的事项。制定地方性法规，对上位法已经明确规定的内容，一般不作重复性规定。"由此可见，山东省人大可以根据蓝色经济区的具体情况，在不违反上位法的前提下，作出有利于蓝色经济区发展的区域性规定。最后，从地方保护来看，虽然山东半岛蓝色经济区内各城市之间具有相似的历史渊源和人文特征，彼此间存在密切的经济交流，但是这些城市也存在以贸易壁垒、行政命令干预经济活动和部门垄断等为表现形式的地方保护行为。政府的这些地方保护措施在短时期内可能会增加当地企业的经济效益，但从长远来看，地方保护主义也阻碍了本地产品的外向型流动，最终弊大于利。山东省人大作为山东半岛蓝色经济区的最高立法机关，可以实现对整个蓝色经济区立法的统一规划、统一调研、统一实施，使区域立法依靠地方性法规的高位阶实现对整个蓝色经济区的法律规制。

纵向约束型立法模式尽管能够依靠山东省人大的立法权限来完成立法活动，并且能够形成对蓝色经济区内地方保护主义的刚性约束，但是其缺乏弹性的缺点仍会在一定程度上影响蓝色经济区内各行政主体的配合。而横向契约型方案旨在以平等行政主体间签订"市际契约"的方式建立一种具有较强约束力的协议。现行法律体系下虽然没有"市际契约"和"区域契约"的法律依据，但以政府规章形式实现契约内容内化不仅实现了"市际契约"的合法性，而且政府规章灵活性的特点更有利于契约内容的实际实行。横向契约型方案往往"采取比较柔性的'协商'协调机制，通过'自主参与、集体协商、懂得妥协、共同承诺'的方式，对地区的发展进行'软约束'，这应该是市场经济条件下解决区域协调、区域一体化发展的主要途径。其初级形式可以采取就某一问题进行专题性的协调，将区域协调职能赋予相应的部门，由该部门牵头，会同下一层级政府的对应部门共同履行协调职能。在各方分歧较大、协商失效时，上一级政府拥有裁决权。综合性的区域协调职能可以放在综合管理部门，专业性的区域协调职能则纳入专业管理部门，专业协调服从于综合协调"。[①] 现在区域契约的实践以京津冀、长三角以及粤港澳大湾区（含珠三角）法制协调最具代表性。三者均是以政府作为契约主体、以政府规章的形式将区域契约的内容内化为各自行政区域的法律规范。"从长三角和珠三角区域合作公布的'省际协议'的内容上看，因为缺乏合法的立法主体和有效的执行组织及制度机制，它们极容易流产，变成一个空洞的宣言和象征性指示。"[②] 而山东半岛蓝色经济区的现实环境却不同于东北三省和长三角，蓝色经济区的全部区域均在山东省的行政区划内，实施横向契约型方案不是以省级政府为主体，而是以市级政府作为契约主体，并且在横向契约订立上可以由山东省政府作为协调机关，协助蓝色经济区各行政主体进行契约协商工作。同时，山东省政府的协同参与也可以有效限制横向契约中地方保护主义的条款出现，使市际契约真正成为蓝色经济区发展的一剂强心针。

但是横向契约的订立必须注意以下几点："首先，行政契约的内容，应当具体明确，内容不得违反有关法律规范的规定，政府在促进区域经济一体化发展的进程中，应当意识到自己的权力是有限的，不能对市场越俎代庖。其次，契约的履行，是实现法制协调的过程。成员方拒不履行契约义务的，或者履行义务时违反契约约定的，属于违约。成员方违约的应承担违约责任这是行政契约的必要条款规定和完善违约责任也是强化行政契约约束力的重要举措。"[③] 此外，横向契约不得涉及影响经济区或者是山东省内政治平衡的事项，例如行政区划问题、税收问题等可能形成经济区范围内的地方保护事

---

① 刘兆德等：《长江三角洲地区经济社会一体化初步研究》，载《中国软科学》2004年第5期。

② 于立深：《区域协调发展的契约治理模式》，载《浙江学刊》2006年第5期。

③ 辽宁省法学会：《构建法治东北》，黑龙江人民出版社，2006，第104页。

项的契约。而诸如蓝色经济区范围内市际交流渠道、公共教育、海洋产品研发等事项，可以由蓝色经济区内各行政主体同山东省政府协商后制定横向契约，由此对于蓝色经济区快速形成区域一体化具有重大的推动作用。值得注意的一点是，横向契约的订立，必须考虑到契约的合意性合同属性，因此在跨区域立法时，应当率先就合作协议或合作框架问题，事先确定纠纷解决方式。[①]

总之，山东半岛蓝色经济区的区域发展采用纵向约束型方案同横向契约型方案并进的策略是实现其快速发展的必然要求，而且该策略在很大程度上依赖于区域立法的程序性建设，[②]但市际契约在区域合作和立法实践中的不断探索和完善仍将是我们研究的重点。

---

[①] 参见戴小明、冉艳辉《区域立法合作的有益探索与思考——基于〈酉水河保护条例〉的实证研究》，载《中共中央党校学报》2017 年第 2 期。

[②] 陈光：《区域立法协调机制的理论建构》，人民出版社，2014，第 100 页。

# 第七章　行业协会参与地方立法的制度思考

　　随着时代的发展和社会的进步，"开门立法"、让公众广泛地参与到立法过程中来已经成为民主法制建设不可逆挡的历史潮流。我国地方立法顺应了这种社会发展的趋势，开展了各种各样的公众参与机制实践，在一定程度上将公民纳入立法过程当中。[①] 但是由于历史、制度和公民素质原因，我国公民并未很好地行使自己享有的权利。因此，近年来公众对中国能否实现公民直接参与立法制度这一问题的争议越来越激烈，这也是公众法治意识增强以及参与立法积极性提升的结果。但一个幅员辽阔的国家能否马上实现公民直接参与立法活动，还有待法治实践的进一步检验。在此之前，我们可以先从行业协会参与地方立法的角度尝试使更大一部分公民、更大一部分社会团体组织参与到立法中来，这样更加切合实际。同时，借鉴英美等国的公民参

---

　　① 公众电子参与立法形式，成为我国目前民主立法的重要成就，途径与方式较传统公众参与立法的方式更为简便，利益诉求表达也更为直接。参见张欣《我国立法电子参与有效性的提升——基于公众参与法律草案征求意见（2005-2016 年）的实证研究》，载《法商研究》2018 年第 2 期。

与立法制度的优秀经验，从行业协会参与地方立法工作的角度讨论我国地方实现公民直接参与立法的可行性，能够为全国实现公民直接参与立法提供更充分的理论依据。

# 一 行业协会具有参与地方立法的基础

行业协会在产生之初就作为一个独立的主体存在，这种独立性保障着行业协会产生目的的实现。因此，从历史的角度考察有利于我们更深刻地认识其法律地位，有利于我们在对行业协会进行立法时，结合我国行业协会的发展实践，确立我国行业协会的独立法律地位。

## （一）企业间共同利益的存在是行业协会参与地方立法的基础

近代资本主义的行业协会，是随着商品经济的发展、社会分工的细密及社会化程度的提高、企业之间为谋求共同利益、共同应对市场缺陷等逐渐产生与发展的。也就是说，行业协会产生的原因是企业为促进自身利益而对行业共同利益的追求。因此，行业协会必须以维护和增进行业共同利益为最高宗旨，这是行业协会的生命力所在。在地方立法过程中，行业协会为维护自身利益，势必会与各种势力博弈。行业共同利益随社会经济的发展或行业的发展而发展变化，因此，行业协会的重要职能是调整行业内部的整体利益（尤其是行业性基本利益），进而在行业协会之间、行业协会内部以及行业协会与本行业消费者之间起到沟通与桥梁作用。更重要的是，行业协会是沟通企业与公权力的桥梁和纽带，行业协会应业内企业要求，与公权力进行沟通，争取最大化的利益，这就是行业协会能够参与地方立法的关键所在。

## （二）行业协会是独立于公权力的自我管理组织

如上述，行业协会产生于企业的需求，以行业共同利益为最高宗旨，这种与其他利益主体相区别的利益集团决定了它也必然是独立于公权力的，对公权力的附庸性有悖于行业协会的产生宗旨，在行业协会产生于企业以利益集团方式增加与公权力的谈判力量时，更是如此。"它会使行业同政府的关系得到改善，并通过协商得到一些特权。"[①] 只有在行业协会具有独立于公权力的地位时，它才可能以行业共同利益为导向，与公权力沟通、协商，争取行业特权。行业协会是行业领域内独立于政府的自我管理组织。"行会有它自己的执事、财务、记录、守卫或雇员，有它的集会场所（行会会堂，或市民谈话室），有它自己的财政来源——这是由它的会员的捐助或其他税捐构成的，有它自己的金库，自己的预算。"[②] 这是行业协会独立性的根基所在。行会产生于业内企业共同的特殊需求，在行业管理上也具有公权力无法替代的作用。因此，行业协会从产生之初就具备了独立于公权力的特性。

## （三）行业协会的纽带作用

行会管理对政府管理有辅助作用，其掌握的行业信息有助于政府更好地管理行业，其管理规则成为政府法律规则的来源。早在13世纪，城镇政府在日常的管理工作中，越来越多地有系统地利用行业协会，要求行业协会将它们的日常规定记载下来以备查看。"行会因此而记录下来的规定，在意

---

① 〔英〕M.M. 波斯坦等主编《剑桥欧洲经济史》第三卷《中世纪的经济组织和经济政策》，周荣国、张金秀译，经济科学出版社，2002，第196页。

② 〔法〕P. 布瓦松纳：《中世纪欧洲生活和劳动》，潘源来译，商务印书馆，1985，第210页。

大利通常以法律的名义将它们尊贵化。"[1]　因此可以说，在商品经济不甚发达的时候，行业管理的职能主要由行业协会承担，城镇政府对行业的管理较少；随着商品经济的发展，行业秩序对一国统治秩序的重要性日益提高，政府通过将原来行业协会管理中形成的规则上升为法律，逐渐掌握了原来由行业协会承担的部分行业管理职能，同时也更加有系统地利用行业协会对行业进行管理。随着现代法治化进程的加快，政府通过行业协会对行业进行管理和控制，行业协会也向政府反映行业的意见和要求，政府和行业之间形成了确定的有秩序的信息沟通方式，并为政府制定法律提供大量的合理化建议。行业协会成为企业与政府沟通的桥梁和纽带，并成为公权力制定法律时可靠的信息提供者。

总之，行业协会从产生之初，就是独立于政府的，这种独立性是行业协会充分发挥其自身价值的前提，同时，企业之间的共同利益关系使得行业协会在一定程度上具有与公权力进行利益竞争的资本，即使这种竞争资本是在行业协会得到政府的认可与保护的情况下才具有的。因此，行业协会发展到今天，行业管理的职权虽然未曾强于公权力，但行业协会独立于公权力的地位仍然是不容否认的。尤其是近些年来，行业协会参与地方立法活动的深度与频度均有所提升，并在立法草案拟定、社会意见反馈等方面体现出"立法机关—社会公众"双向互动的优势。[2]　因此，利用行业协会这种利益集团方式开展公民参与地方立法是大有可为的，我国应当健全立法机关同社会组织的沟通机制，提升社会组织在地方立法中的协商性参与。[3]

---

[1]　〔英〕M.M. 波斯坦等主编《剑桥欧洲经济史》第三卷《中世纪的经济组织和经济政策》，周荣国、张金秀译，经济科学出版社，2002，第 197 页。

[2]　参见马金芳《社会组织立法的开放性及其限度》，载《上海师范大学学报》（哲学社会科学版）2018 年第 1 期。

[3]　参见冯玉军《立法参与的制度设计与实施效果评估》，载《河北法学》2018 年第 3 期。

## 二 美国行业协会参与立法的制度及对我国的借鉴意义

美国在公众参与立法机制方面，其正式听证制度、公众提案专家协助制定草案制度、协商制定规章程序、咨询程序较具特色。这也是笔者认为中国地方立法中最需要借鉴美国的地方。听证程序我国已经引入，但在实际应用方面产生了严重的"水土不服"症状，其解决方案不是一朝一夕就能找到的，笔者不在此赘述。下面笔者将从公众提案专家协助制定草案制度、协商制定规章程序、咨询程序三个方面阐述美国的地方立法制度。

### （一）公众提案专家协助制定草案制度

"美国的部分州规定，全州选民的 3%~5% 联名，可以提出法律草案。"[①]为解决选民提案起草的问题，美国一些州设置了专门的机构帮助提案者起草法律草案，一般是由州立法服务委员会的工作人员来提供议案的起草服务。"提案人对地方立法进行提案的，一般应该提供一份明白无误的构想陈述。而起草者会对提案者的议案所涉及的问题进行考察研究。州立法服务委员会规定工作人员不能对议案的原则问题作出任何决定，因此，在起草期间，工作人员必须与提案者经常不断地交流，以确保提案者的想法和原则完全融入议案。"[②]而在我国，专家往往通过"立法顾问""立法咨询团队""专门性立法研究机构"等方式服务于立法需要。这种专家参与方式产生了专家服务意愿与积极性低、问责机制不健全以及民主程度低等问题，亟须在立法制度与

---

① 李志翀、赵海晶：《国外公众参与地方立法的相关制度及其借鉴意义》，载《湖北行政学院学报》2005 年第 5 期。
② 薛晓莹、郭道久：《西方国家地方立法过程：美国俄亥俄州立法的个案研究》，载《韩山师范学院学报》2001 年第 3 期。

立法实践中得到完善和提升。①

## （二）协商制定规章程序

协商制定规章程序并非一个独立完成行政立法的程序，它实际上是对美国行政程序法制定的"公告－评价"程序的补充。协商程序是在其基础上增加的一种程序设置。"概而言之：行政机关在公布拟议规章之前，设立一个由相关企业、商业行会、公民团体及其他受影响的组织的代表和行政机关公务员组成的协商委员会；委员会举行公开会议为形成一个拟议规章进行协商；如果委员会能达成合意，行政机关则采纳合意的规章作为拟议规章，然后进入'公告－评价'程序。该程序的意义在于能够尽量减少以后可能会产生的诉讼。"②

## （三）咨询程序

咨询程序是指立法机关原则上应听取其合议制机关意见的程序，被征求意见的机关称为咨询机关。该程序的目的是使利害关系人的意见和有识者的意见在地方立法中得到反映。"日本行政法中的咨询机关大多代表某一社会群体的利益或特定的公益，如最低工资审议会、私立学校审议会、自然环境保护审议会等。立法机关征求这些组织的意见，实质上是通过这些组织征求各社会群体的意见。"③ 相对于公听会中个人意见的收集方式而言，咨询程序所征求的意见应当说更具代表性，更富理性色彩，同时也有利于降低公众参与成本，方便公众参与。

---

① 王怡：《论我国立法过程中专家参与机制的规范化建构》，载《东南大学学报》（哲学社会科学版）2018 年第 3 期。

② 沈岿：《关于美国协商制定规章程序的分析》，载《法商研究》1999 年第 2 期。

③ 刘莘：《行政立法研究》，法律出版社，2003，第 151~153 页。

从上述介绍我们可以看出，美国公众参与地方立法制度体现出两个优点。一是公众参与程序法定化，可操作性强。各国普遍采取成文法的形式详细规定公众参与地方立法的程序和方式。以地方行政立法为例，美国、日本都在统一的行政程序法中规定公众参与制度，而没有统一行政程序法的英国，也采取制定法的方式规定公众参与地方立法的程序。这种做法使得公民严格依法参与地方立法，既有利于公民参与权利的实现，也有利于地方立法机关工作的顺利开展。二是为保障公民参与地方立法机制的有效实施，美、日两国法律规定了与参与机制相配套的其他制度。如美国《情报自由法》和《阳光中的政府法》规定了地方立法信息的公开制度，使得公众参与地方立法的权利可以更好地实现。同时，专家协助起草法律草案制度，也在很大程度上保证了公众提案权的实现。美国公众参与地方立法制度的这两个优点恰恰是中国地方立法上的不足之处。

## 三　行业协会参与地方立法的理论构想

在我国谈论公民直接参与立法还为时尚早，但这并不意味着我国的公民直接参与立法制度必须按照外国模式（如美国模式）来进行构建。笔者恰恰认为世界各国应当"和而不同"，我国完全可以走出自己的"中国模式"。所谓"中国模式"是指中国并不需要从"基层直接选举加代表选举"的方式直接转变为建立公民直接参与立法制度，而是先由地方为实现国家公民直接参与立法制度进行试点，由行业协会在地方性法规的立、改、废活动中发挥积极的作用，再由此推向全国的立法工作。由行业工会在立法中所展现的作用实现以行业为划分的公民直接参与立法。行业协会是从事一个行业的人为了自己的利益联合起来的专门性民间组织。地方性的行业协会处理与行业相关的利益问题时代表本地区从事某一行业的公民的态度，而且行业工会相较于松散的公民个人，有着更强的经济实力、社会背景和社会舆论支持。但在我国的法律体系中，关于行业协会参与地方立法的机制设置与程序性保障，还有待进一步完善。[①] 基于此，笔者现就行业协会在地方立法中的运作在借鉴"美国模式"的基础上加以理论探讨。

### （一）确立行业协会的地方立法辅助地位

立法辅助地位不同于立法主体地位，在立法学上，立法主体是指拥有制定、认可、修改、补充、解释和废止法律(广义的法律)权力的机关(机构)。这里的"立法辅助地位"是指行业协会作为一个公民的集合体，对立法主体的立法工作进行辅助，更多的是参与到地方立法中对立法加以监督。目前，尤为重要的一点是，我国应当加强行业协会的独立主体地位，防范公权力机关对行业协会内部事务的干涉。[②] 在我国现行宪法和法律中，并没有规定行业协会在立法中的地位，但地方立法的基本原则是明确的：地方立法必须根据地方的具体情况和实际需要，必须不与宪法、法律和行政法规相抵触，不能侵越属于中央专属立法权限的范围。这就是说只要不是法律明确禁止地方立法的事项，且又没有中央立法加以规范的，地方都可以在不违背宪法、法律和行政法规的前提下制定地方性法规或行政规章，对行业协会的立法辅助地位在本辖区内加以确认。这在当下建立"法治国家"之际是必需的，也是必要的。

### （二）行业协会提案，专家协助制定草案

现在人大和相关部门在订立草案时往往借助一些相关专业的精英人士

---

① 顾爱平：《公众参与地方立法的困境与对策》，载《江苏社会科学》2017 年第 6 期。

② 参见王新红《行业协会对社会信用的影响：中国问题及其法律解决》，载《东南学术》2019 年第 4 期。

的知识和才能，而非相关领域的精英人士对该法律、法规的拟订、修改、审议，其在全部或部分环节上涉及的专业问题又不能胜任，这就使得该议案很大程度上符合该精英阶层的法律需求而又缺乏监督和制约，同时也使该议案在公众中的适用力有所弱化。为避免精英在立法过程中为某些利益群体夹带"私利"，就应当完善有关法律，建立法律规制，将某些利益群体试图对立法精英施加影响，从而试图影响立法的活动（西方国家称"院外游说"，其实也是一种"参与立法"的活动）规范化、公开化。相较于"精英立法"，"行业协会提案，专家协助制定草案"这种地方立法模式更能提高公众的参与度，通过代表一个行业的公众利益的行业协会提出立法构想，再由专家或人大代表进行归纳总结。在不改变行业协会所做立法构想的基础上制定法律草案，"公民＋专家"的地方立法模式更能有效地保证公民的立法积极性和法律的实际适用性，实现地方立法模式的立法进步。这种模式避免了"精英立法"过程中脱离群众的做法，让法律使用者参与立法，在更大程度上保证法律的有效性。

## （三）行业协会参加议案的听证

在我国，除了行政程序中有听证制度外，立法中也有听证制度，已经有多个地方的人大在制定地方性法规时进行了听证，例如全国人大常委会在修改个人所得税法时就进行了听证。但是目前我国的听证制度仍有缺陷：行政程序中的听证没有拘束力；立法程序中的听证由于透明度不够，听证代表很难充分恰当地表达意见；缺少民主机制，也使得听证结果对立法机关的成员形不成事实上的约束。由此可以看出，我国的听证会制度缺乏有一定实力、代表一定阶层群众利益的听证代表。行业协会参与听证会制度就很好地弥补了这一点。首先，在一个行政区域内，行业协会代表从事这一行业的所有人的利益，拥有广泛的社会支持；其次，行业协会多是由从事某一行业部门联合组成的，具有一定的经济实力，在地方立法上也就有一定的话语权，而且该提案中的条款与行业的利益息息相关，行业协会会尽职尽责地完成自己的使命。例如行业协会参与有关自身利益的提案的听证会，就会对与自身相关的问题进行发言，对于那些有损自身利益的内容，就会提出反对意见，这就会影响一项议案的通过或是促使该议案更加完善。行业协会参加议案的听证，一方面通过吸纳各方利益和意志参与地方立法工作，使地方立法与社会治理更加规范；另一方面，可以缓和社会矛盾，减少社会冲突，保持社会稳定，协调各方力量，促进社会公共活动多元化、民主化。此外，应当通过立法的方式实现行业协会参与地方立法协商机制的法治化。[①]

### （四）行业协会对地方立法的监督

立法监督是指包括国家机关、社会团体、公民在内的一切组织和个人对一国立法权运作及其结果的审查和控制。对地方性法规、规章这种地方性的"公共产品"应当进行广泛的民主监督和舆论监督，否则很有可能蜕变为服务于少数利益集团的"私人产品"。地方立法要充分吸纳和体现民意，加强地方民众的立法参与，这样就能在很大程度上遏制地方立法的腐化。全民监督主要是将即将通过的地方性法规、规章在报纸、电视、互联网等媒体上公布，并向人民征求意见，以实现民众对地方性法规、规章的知晓权和监督权，但这种做法成本大，非利害关系人不太关心，即使关心其所提出的意见有时也得不到回应。因而有必要在全民监督之外采取更加强力和低成本的监督方式。行业协会的监督在一定程度上将实现地方立法监督资源的优化配置。

行业协会在参与立法的过程中，加强对地方立法工作中一些不和谐现

---

① 毛佩瑾：《新中国成立 70 年社会组织协商的实践探索与发展趋势》，载《天津社会科学》2019 年第 3 期。

象的监督，避免立法部门立法信息的不对称，有助于弥补政府工作的疏漏，为政府更好地解决各种社会问题、分配利益提供依据，使立法更好地反映和适应社会的需要。同时将自己掌握的包括政治、经济、文化、社会以及法律等在内的大量信息进行整合，并通过特定的利益表达渠道将自己的意见、建议和整合后的信息传递到立法部门。无论是行业协会，还是其他的监督方式都应当加强对提案听证后的立法回应情况的监督，在参与活动结束后，监督者应当使用各种监督方式要求相关部门尽快将对各种意见的采纳与不予采纳情况及其理由向社会公布。

总之，我国的立法制度经过几十年的发展已经取得了可喜的成就，但是立法与实际相脱节的情况仍然存在，因此我国更应当加强公民参与立法制度的建设，行业协会作为一个利益集合体参加地方立法是实现公民直接参与立法制度的一级"登山石"。

# 第八章　委托第三方起草法案的制度反思

　　自 2015 年《立法法》修订以来，284 个设区的市获得了地方立法权。为了应对立法权的下沉以及地方立法的压力，[①] 设区的市人大往往通过委托"第三方"（如高等院校、律师事务所、研究院所等）起草法规的模式，弥补短期内立法能力的不足。这种法规起草方式在社会各界引起了热烈反响。多数人对立法权的下沉持溢美之词，并肯定设区的市人大享有立法权对于地方立法需求而言具有现实价值。[②] 但在冷静下来后发现了诸多实际问题。一种新的变革要发挥实际作用总是要经受磨合的阵痛——它包括制度的衔接、人员的配置、各部门之间的协调等——设区的市立法权应当从问题中得到完善、从改革中实现发展，这样才能令《立法法》中的立法权配置成为一种切实可行的制度。有鉴于此，关于设区的市委托第三方起草法规问题的实证研

---

① 伊士国认为，《立法法》修订后立法主体的扩容，是立法权下放的体现。参见伊士国《论设区的市立法权扩容的风险及其防控》，载《政法论丛》2017 年第 4 期。

② 参见季长龙《从较大市到设区市：地方立法权下放的意义与反思》，载《河南工业大学学报》（社会科学版）2015 年第 4 期。

究，将为我们提供一个客观的审视路径:《立法法》的制度设计能否承受实践的检验，设区的市人大如何承接和运用立法权，立法质量又是如何得到保障的？上述疑问在很大程度上反映了设区的市立法权与立法能力之间的矛盾。它可以被用来解释"委托立法"盛行的现象，并有助于我们明晰地方立法权下沉与国家治理模式的转型。指明设区的市委托第三方起草法规的问题，并积极引导其走向完善，就成为本章的主要论述目标。

## 一　设区的市委托第三方起草法规的可行性

长期以来，地方人大的立法模式都是由法规的执行部门负责或牵头起草，从而形成了执法者主导法案起草的"部门立法"现象。在改革开放初期无法可依的情况下，"部门立法"方式有效地调动了地方政府的数据优势和经验优势，有利于提升立法的可操作性和社会治理的稳定性，快速推动地方经济发展和法治建设，实现社会稳定有序发展。但是，随着中国特色社会主义法律体系的基本形成，"部门立法"的现实弊端也日渐凸显，例如公共利益部门化和部门利益法律化倾向突出、地方人大代表素质参差不齐、地方立法的民主化程度低等，使得地方性法规呈现出权力固化、权利限缩、责任虚置等现象，直接影响地方性法规的质量。在此情况下，地方人大开始探索"第三方立法"的新型立法模式。所谓"第三方立法"，是指"利益相关者不能直接主导立法，防止立法主导权被利益主体控制，立法者应与立法可能带来的利益保持距离，不能从自己设计的制度中获取任何现实利益"的一种法规起草模式。[1] 设区的市委托第三方参与立法全过程，以打破过去政府（或部门）"唱主角"的旧格局，将某一特定立法事项通过立法招标等方式委托给

---

[1]　李松:《有权不可任性：珍惜权力，管好权力，慎用权力》，新华出版社,2015，第71页。

社会组织或人员，如行业协会、咨询顾问、律师事务所或专家学者，期望以中立、多元化的民主参与途径，消除地方性法规起草中的政府主导色彩，提升地方性法规的科学性、民主性。尤其是在 2015 年《立法法》修订以后，设区的市委托第三方起草法规更是成为一种立法常态。这种现象似乎已经证明，委托立法理论不会受到立法机关级别的影响，可以适用于各级立法机关。然而，立法理论与立法实践的衔接，不是仅凭表面现象就能够发现地方立法学的实质的。否则，墨西哥对美国法律的移植也不会以失败告终。因此，实证调查的结果将证明，设区的市委托第三方起草法规不仅能够良好地适用"委托立法理论"，同时也反映了某些独特的立法基础。

## （一）设区的市委托第三方起草法规的理论基础

在我国，地方人大委托第三方起草法规，既有多年的立法实践基础，又有丰富的理论基础。在理论与实践的结合下，地方人大同"第三方"起草者之间，建立起"需求—供给"相协调的委托关系。前者拥有立法的压力和动力；后者掌握精湛的立法知识，拥有专门人才。在立法压力较大的省份，第三方起草者与人大已经形成了较为稳固的委托关系，并帮助地方人大做好日常法规清理、评估、专家意见等工作。钱穆认为，"现实是制度的血液营养，理论是制度的精神生命"。[①] 在委托立法理论的发展历程中，党对立法工作的领导成为我国委托立法理论发展的首要动力。尤其是在委托立法理论发展的重要节点上，党对立法规律的把握直接推动了立法理论的整体发展。《中共中央关于全面推进依法治国若干重大问题的决定》指出，要"深入推进科学立法、民主立法……探索委托第三方起草法律法规草案"。2015 年修订的《立法法》第 53 条便以国家制定法的方式，肯定了党对委托立法理论的全新

---

① 　钱穆：《中国历代政治得失》，生活・读书・新知三联书店，2005，第 48 页。

发展，确立了委托第三方起草法律法规的法律意义。由此可见，设区的市委托第三方起草法规同立法权下沉之间保持了微妙且紧密的联系。此外，"设区的市委托第三方起草法规"符合民主理论的内在精神。作为现代立法的主要特征，民主已经成为立法科学性、正当性的重要基础。而且，在深究程序正义的当下，民主已由传统的表决方式发展出征求公众意见、专家论证会、听证会、委托第三方起草法规以及社会化评估等多种形态。黄文艺认为，"法律是否真正是人民意志的充分表达，在相当程度上就取决于立法程序的可参与程度"。[①] 可以说，民主立法是展现现代法治国家立法水平的重要标杆，也是提升立法质量的本质要求。对设区的市立法而言，委托第三方起草法规是民主立法的重要表现和应有之义。一方面，人大委托第三方起草法规是地方立法机关科学调动民主立法资源，实现立法民主化的绝佳策略。另一方面，它也扩大了公民参与立法的路径，提升了立法程序的民主化程度。地方性法规是与人们的生活切实相联系的，不能仅凭立法机关的凭空臆想、闭门造车，就形成影响人们行为方式的规则。它应当能充分表达民意，体现人们的法治需求。因此，委托第三方起草法规是地方立法机关遵循程序正义和民主立法理论的体现。

### （二）设区的市委托第三方起草法规的实践基础

地方人大委托第三方起草法规的尝试，早在 20 世纪 80 年代就已经在我国立法实践中得到展现。为了解决地方政府"公共利益部门化、部门利益法律化"的流弊，地方人大开展了委托立法的尝试与探索。我国第一个委托第三方起草法规的案例是 1986 年上海市人大法制委员会委托上海市委牵头市委宣传部、市高级人民法院等 16 家单位共同参与起草了《上海市青少年保

---

[①]　黄文艺、杨亚非：《立法学》，吉林大学出版社，2004，第 54 页。

护条例》。这是我国第一部专门针对未成年人保护而制定的地方性法规，其设置的制度、条款展现出各部门在公共利益保护与执法上的相互博弈，其结果也显现出第三方起草法规的优势。自 21 世纪初开始，地方人大委托"第三方"起草法规的样本逐渐增多，在国内各级立法机关均有体现。2001 年，重庆东通律师事务所受重庆市人大委托负责起草《重庆市物业管理条例》，为我国地方人大委托律师事务所起草法规开创了先例，引起了巨大的社会反响。有学者将这类立法改革称为"立法走向民间的创新"。[①] 在此基础上，重庆市政府法制办公室又与地方院校签订地方性法规委托起草协议，并明确规定"第三方委托起草法规"成为规避部门利益法制化、实现立法科学性的重要方式。[②] 此后，北京、上海、天津、湖北、辽宁、青海、宁波、武汉及呼和浩特等省市人大常委会先后采用委托起草的方式，将立法项目委托给律师事务所、科研院校或者法学院校。上述地方人大委托第三方起草法规的立法实践，为设区的市委托立法提供了重要借鉴，也使得《立法法》修订之初设区的市的立法工作能够顺利开展。

## （三）设区的市委托第三方起草法规是遏制立法腐败的制度化结果

立法腐败是权力腐败的组成部分之一，其典型特征是利用立法职权，"为特定族群、团体或个人牟取政治、经济及宗教利益"。[③] 从权力规制角度来看，我国立法权的规制主要来自上级立法机关的监督、党政机关的监督和社会公众的监督。但由于立法本身的抽象性、立法方案的可选择性以及立法语词的运用等问题，以权力监督方式规制立法权的效果并不十分有效。《甘肃祁连山国家级自然保护区管理条例》在修正过程中的立法腐败行为，就说

---

① 郝建生：《民主足音》，中国民主法制出版社，2008，第 145 页。

② 陈鹤：《行政法与行政诉讼法精编案例教程》，华中科技大学出版社，2012，第 120 页。

③ 杨宏力：《非典型腐败及其制度治理》，载《社会科学研究》2016 年第 4 期。

明我国应加快改革立法方式、提升立法质量。而委托第三方起草法规，则是对立法腐败的强力回应，也是遏制立法腐败的制度化结果。这些立法腐败案件虽然发人深省，但尚不足以引发立法力量构成的结构性变化。应当引起关注的是"委托第三方起草"这一制度性设计。我国《立法法》第53条第2款规定："专业性较强的法律草案，可以吸收相关领域的专家参与起草工作，或者委托有关专家、教学科研单位、社会组织起草。"这条法规的立法目的在于提升地方性法规的科学性、扩展公众参与地方立法的渠道，从而达到集思广益、增进立法共识、提升立法质量的目的。从委托第三方起草法规的制度设定来看，设区的市在获得立法权之初，一方面就有意识地限制地方行政机关对立法工作的干预，削弱地方行政机关对地方立法的控制，防止"部门利益法制化"现象的出现；另一方面，设区的市人大力求在公共参与立法的范围上有所突破，并吸纳一些专业性强、法律知识丰富、社会基础较好的法律团队，成为常规型的立法资源、立法队伍，提升地方性法规起草的中立性、客观性与科学性，从而防止立法腐败现象的出现。由此观之，委托第三方起草法规成为设区的市行使地方立法权的必然选择。

## 二　设区的市委托第三方起草法规的难题

无论是法学界还是设区的市人大，均对委托第三方起草法规赞不绝口，并认为这种法规起草模式既实现了党和国家加强民主立法的要求，也提高了地方立法的质量、避免了立法腐败现象，尤其是在创造性立法上具有示范意义。我国各级人大的委托立法实践证明，省级人大与较大的市人大在委托第三方起草法规上，既有多年的立法经验支撑，又有丰富的立法理论支持，并取得了良好的立法效果。但对于设区的市人大而言，立法实践的匮乏以及行使地方立法权的现实压力，成为设区的市立法机关迅速启动"第三方"起草法规机制的重要原因。而近年来设区的市委托第三方起草法规的实际情况，虽然样本并不充分，但也足以说明其中的问题。

## （一）受委托第三方的中立性、科学性存在隐忧

设区的市委托第三方起草法规的初衷在于合理利用地方立法资源、提升立法质量以及防止部门利益法律化倾向，但在实践中并未获得预想的效果。在早期的地方人大立法实践中，地方政府部门对地方性法规起草的主导权，往往演变为地方政府扩充行政权力，规避自身责任与义务，强化部门权力和利益的法制化手段。这样的地方性法规，不仅难以保证立法质量，也有可能侵害公民的合法权益，影响地方性法规的顺利实施。从科学立法的角度出发，设区的市委托第三方起草法规比行政机关起草法规更能够保持科学性、中立性。但从现实情况来看，上述立法认知在实践中遭遇了阻碍。一般说来，第三方大多是既有法律知识又具有特定领域专业知识的专家、社会组织，其往往同特定行业保持着密切联系，由此，起草法规的第三方能否坚守公正、科学、民主的立法理念和职业道德，直接关系到地方性法规立法质量的高低。这一立法模式能否促成地方立法从"政府主导立法"向"人大主导立法、第三方提供智力支持"的转变，在很大程度上取决于专业人士能否坚持客观性立法的原则。较之于行政机关，尽管第三方具有更好的独立性，并且不属于地方立法所调整和规范的范围，但委托第三方起草法规在"立法科学性"上仍存在诸多弊端。一方面，起草法规的第三方很难获得足够的立法数据、立法信息。为此，立法机关担心"专家学者没有实务工作经验，对实际情况不了解，容易理论脱离实际"。[①] 这样，委托第三方立法不仅不能保证法规起草的科学性，同时也给地方性法规实施后的执法问题带来了不确

---

① 廖军权、黄泷一：《提升设区的市立法质量的创新机制：立法点评》，载《地方立法研究》2017 年第 1 期。

定性。另一方面，设区的市人大与受委托第三方之间属于合同关系。也就是说，合同价格将成为衡量立法质量的标准之一。[①] 排除受委托方资质和立法能力上的差异，单就第三方用于立法调研以及征询专家意见、公民意见的经费支出而言，合同价格将成为法规草案质量的重要影响因素。作为地方立法机关，设区的市一定要考虑到受委托的第三方能否在有限的财力支持下，获得足够的立法数据、信息以及保持客观中立的身份。否则，这种立法模式有可能在利益的驱使下降低立法的质量。

### （二）受委托第三方的立法能力问题

在现代法治社会中，立法涉及社会生活的方方面面。设区的市立法机关立法任务繁重且缺乏经验。为此，设区的市立法机关在现有力量和人员配置的基础上，仍对立法权的行使力不从心。针对《立法法》修订后，全国人大要求设区的市行使立法权的迫切局面，设区的市委托第三方起草法规就成为行使立法权的紧急应对措施。这也导致我国地方立法的主体构成发生重要变化，即地方立法机关、地方政府及其各职能机构、地方高校科研团队、地方社会组织以及地方律师团体共同构成地方性法规规章的起草主体。在第三方的参与下，设区的市立法机关得以顺利地行使地方立法权，加快地方立法权的实施进程，改变地方立法滞后的局面。但是，委托第三方起草法规的立法模式是一把双刃剑，与之相伴的问题是：受委托第三方的立法能力是否能够保质保量地完成法规起草任务。如果第三方消极懈怠，草案不尽如人意，设区的市人大就无法顺利通过该项法规，甚至需要重新启动立法调研和征求意见程序。上述观点在立法实践中已有个案加以证实。2001 年，重庆东通律师事务所受重庆市人大委托起草的《重庆市物业管理条例》严重脱离实际，缺

---

① 参见王书娟《地方立法委托第三方起草实效之影响机理分析》，载《河北法学》2019 年第 5 期。

乏可操作性，不得不回归到"部门立法"的原有路径上来。最后通过的《重庆市物业管理条例》经过了大幅度修改，与最初律师事务所拟定的草案相去甚远。上述个案表明，地方人大委托第三方起草法规尽管能够在一定程度上遏制"部门利益法律化"倾向，却产生了其他立法难题。由此来看，设区的市在委托立法模式的运用上应当慎重考虑受委托主体的立法能力，否则有可能造成立法资源的大量浪费。此外，立法资源历来被视为一种稀缺的制度资源或社会资源——权力寻租、立法腐败就是对立法资源稀缺性的最好证明——桑本谦认为，立法是一种消耗公共资源的活动，应当考虑到财政的支付能力。否则，公共资源的浪费或虚耗会减损法律的尊严，降低法律的实施效果。[①] 如果设区的市在委托第三方起草法案过程中，因第三方不完备的调查或者立法能力不足而导致立法资源输出缺乏效益，不仅会大大降低地方立法的质量，更有损于法律在人们心中的尊严，降低地方性法规的实施效果，造成法律资源的严重浪费。因此，设区的市在委托第三方起草法规的过程中，除了克服立法中的部门利益倾向之外，还应当警惕第三方立法能力不足的问题。

## （三）设区的市与受委托第三方的结构性缺陷

地方立法机关在委托第三方起草法规问题上，往往采用"项目招标＋委托协议"的方法，确立地方人大与受托第三方之间的权利义务关系。聚焦于设区的市人大委托立法项目招标可以发现，受委托第三方大多来自该行政区划内的市属高等院校——其优势表现在两方面：一是了解当地的实际情况；二是便于开展立法调研和汇报工作。但问题在于，设区的市人大与受委托市属高校之间的双向立法能力不足，使设区的市立法形成了结构性缺陷。首

---

[①]　参见桑本谦《公共惩罚与私人惩罚的互动——一个解读法律制度的新视角》，载《法制与社会发展》2005 年第 5 期。

先，法规起草不仅需要专门性的立法人才，还需要吸纳特定领域的专家。[①]而我国高等院校（尤其是设区的市的市属高等院校）过分重视部门法人才的培养，而忽视了专门型立法人才的培育工作，导致设区的市获得立法权之后，难以获得足够的立法人才。这也反映了受托起草法规的市属高等院校的另一重缺陷：本身缺乏专门性立法研究人员。恰是由于不注重立法人才的培养，市属高等院校本身的立法学研究不够深入。在接受法规起草委托之后，市属院校同设区的市人大一样，既缺乏立法理论的钻研，同时也未真正从事过立法工作。在选择第三方作为受委托方时，设区的市人大只提出某些原则性要求，而没有细化的规定和严格的选择标准，加上没有专门或权威的认证和评估，对第三方的立法能力缺乏全面认知。立法知识的欠缺往往在法规草案的质量上得到展现。例如，条款过长、语言冗余、结构松散等问题比比皆是。但这远非委托第三方起草法规的核心问题所在。受制于受委托第三方的立法能力不足以及设区的市立法人才储备困境，近年来设区的市地方性法规的质量不尽如人意。因此，《立法法》赋予设区的市立法权，是对我国地方立法规律的科学把握，但在设区的市有能力承接该项权力之前，无论是设区的市人大还是受委托起草法规的第三方，都需要一定的时间来发展和提升自身的立法能力。

## 三　设区的市委托第三方起草法规的完善措施

　　设区的市委托第三方起草法规符合现代立法的发展趋势，并且有利于提升立法的科学性和民主性。受上述问题的限制，设区的市委托第三方起草法规的优势尚未体现出来。因此，我国应当从以下三个方面着手，以提升设

---

① 参见尹伟琴《论专家参与地方立法的必要性及动因》，载《杭州师范学院学报》（自然科学版）2006 年第 3 期。

区的市委托第三方起草法规的质量，规范委托立法的程序。

## （一）确立设区的市人大的立法主导地位

立法是地方人大的首要工作。立法工作中发挥主导作用的是地方人大，其核心是强化地方立法的主导意识，加强在立法工作中的组织、引导、推动和协调作用。虽然在地方性法规的起草上，地方人大总是委托某一专门委员会、政府部门或者第三方开展起草活动。但从法理角度讲，既然人大享有法定的立法权，其主导立法过程自然包括对法规起草活动的主导。这也是立法实践的惯例。设区的市对地方立法的主导主要包括对立法规划的主导、对法规草案制度设计的主导、对法规重要条款的主导等。尽管当前受委托第三方起草法规尚处于设区的市人大的主导之下，但在立法数量飞速增长的将来，人大对第三方法规起草工作的监督与主导可能会力不从心。① 因此，我国在设区的市委托第三方起草法规问题上，应该尽快采取制度化措施以完善人大主导立法机制。从目前设区的市立法实践来看，设区的市人大需要从以下两个方面提升自己的主导性：一方面，设区的市人大应尽快促进委托第三方起草法规模式的变革，以便能够全程主导立法活动；另一方面，设区的市人大要克服自身立法能力羸弱的问题，建立健全立法前期评估制度，加大对受托方的立法调研和论证工作的支持力度，密切跟踪立法进度，充分发挥在各立法阶段的主导作用。不论是立法前期的调研评估，还是立法过程中的起草方案选择，抑或是立法后的实施性评估、法规清理，地方人大都应当发挥其主导、约束和监督作用。这在无形中有利于提升第三方起草法规的质量，克服立法过程中的部门利益化倾向，使得设区的市人大立法工作真正做到民主立法、科学立法。

---

① 参见王春业《设区的市地方立法权运行现状之考察》，载《北京行政学院学报》2016年第6期。

## （二）加强受委托第三方与行政主管部门的立法协作

在现代立法上，地方人大委托行政主管部门起草法规得益于后者对专业领域和行业信息的全面把握，却难以避免"部门利益法制化"的缺陷；而地方人大委托第三方起草法规则能够规避行政机关的部门利益法律化倾向，却又陷入立法资源掌握不足的困境。可以说，上述两种委托立法模式各有利弊，又无法彻底割舍。有鉴于此，第三方应与行政主管部门协作，既发挥第三方中立性立法的优势，又充分发挥行政主管部门的信息优势，而不是一味让行政主管部门回避。这将为设区的市行使立法权提供一种全新的模式，其优点如下。首先，第三方起草法规能够避免部门利益法制化倾向，提升法规草案的客观性、中立性。而设区的市人大以主导立法的姿态，合理地平衡协调各方利益。[①] 地方人大要充分发挥第三方中立优势，同时制定客观、公正的立法评估制度，提升第三方法规起草工作的责任心，提高人大立法的质量。其次，发挥第三方和行政主管部门的职业优势。人大作为立法机关，不可能对社会各层面问题了如指掌，特别是在一些专业领域。因此，委托第三方起草法规不仅能弥补立法机关在专业领域方面的缺陷，还能很好地发挥第三方的专业优势，如立法专家能够言简意赅地使用法规语言，并保证法规的篇章布局、条款逻辑，而行政主管部门利用其信息优势，能迅速洞察立法缺陷。再次，协调二者机能，提升立法质量。优秀的地方性法规，既需要了解相关行业的现状及地方政策，又要尽可能充分地完成立法调研。但是在没有相应主管部门帮助的情况下，第三方在动用社会资源立法调研征集民意时是很难实施的——委托经费的欠缺也是重要原因之一——甚至陷入"闭门造

---

① 有学者认为，地方立法中的衡平思维与第三方的单向思维会引发地方立法方向的巨大差异。参见吕芳《委托立法中的立法思维冲突及调和——基于第三方与立法机关的比较》，载《学习与实践》2018 年第 2 期。

车"的困境。因此，只有充分利用各方的优势，才能令地方性法规起草更为科学、更具有操作性，从而制定出高质量的地方性法规。

## （三）建立立法责任追究机制

设区的市委托第三方起草法规需要健全有效的保障和制裁机制相配合。[①] 尤其是在第三方的选择上，不仅需要考虑受委托主体的技能资质和职业道德操守，还要建立完善的立法责任追究机制，以便降低这一模式的立法风险。首先，立法责任追究机制自委托协议签订之日开始，责任追究期限包括整个法规起草期间直至省人大批准。在设区的市人大与第三方签订委托起草协议之后，设区的市人大应当采取起草过程指导与监督相结合的方式，加大对委托起草的地方性法规的监督检查力度。在起草法规过程中发现第三方有越权、懈怠渎职、失误及收受贿赂等腐败行为的，要按照协议规定或依法依约处理，追究第三方起草者的责任。同时，由于委托协议往往涉及国家安全、公共事务及社会公众的利益，关涉重大，因此，责任追究机制应当更为严格。其次，要开展立法质量诚信建设，建立受委托第三方的"黑名单"制度。在地方人大委托第三方起草法规过程中，应当建立受托第三方违约、违纪和违法行为信息库，记录第三方违约、违纪和违法行为的相关信息。对受委托第三方违反理性、良知、诚信、廉洁等职业道德操守，丧失客观中立品格的，应当取消其继续参与法规起草工作的资格。再次，做到事前警示与事后惩罚相结合，确保受托第三方谨言慎行，认真履行法规起草工作。这样有利于培育健康的立法文化和立法职业道德环境，降低立法腐败风险，形成人大主导、行业自律、社会监督和主体自治相结合的法规起草格局。

综上所述，自2015年《立法法》修订以来，设区的市委托第三方起草

---

[①] 有学者提出，应当建立委托第三方起草的评价制约机制，其实质也是一种问责机制。参见王书娟《委托第三方起草之立法模式探析》，载《东南学术》2019年第1期。

法规的立法模式有效地缓解了地方立法需求扩大与立法主体能力不足之间的矛盾，并显著提高了我国地方立法的科学性、民主性。但是，受委托第三方的选择标准、起草能力以及立法质量等关键性因素必须得到充分考虑。如若委托不当，有可能造成立法资源的浪费，甚至其立法成果会阻碍当地经济社会文化的良性发展。[①] 为此，设区的市人大以及法学界都应当密切关注委托立法的现实问题并适时地总结、反思，以推动设区的市立法制度的发展和成熟。

---

[①]    立法发展水平的差异，导致不同设区的市对立法的需求不同。《立法法》对设区的市立法事项的限定，在一定程度上有碍于某些设区的市的法治发展。参见程庆栋《论设区的市的立法权：权限范围与权力行使》，载《政治与法律》2015 年第 8 期。

下　篇

部门立法的中国实践

# 第九章　错案追究终身制的法律难题

自 20 世纪 70 年代末以来，我国的司法体制历经三轮改革，[1] 每一轮改革的方向均不相同，且缺乏长远的目标规划，致使我国的司法体制始终走着"一步三回头"的曲折式发展之路。近几年，佘祥林案、赵作海案、聂树斌案、匡增武案等"错案"的持续曝光，又一次挑动了最高法院的改革决心。为了杜绝法官在案件审理中的徇私枉法、肆意裁量行为，我国司法机关又一次掀起了错案责任追究的制度化改革浪潮。此次制度化改革的重要目标之一就是建立错案追究终身制，[2] 以期"在立法短期内无法改变的前提下，通过错案责任的追究加强法官的自我约束意识，以责促权，提升办案质量"，[3] 通过权责合一的方式来保障法官裁判的统一性和公正性。但是，从错案追究终身制的历史沿革来看，该类制度并未在司法系统内形成高效的"错案"防范

---

① 参见夏锦文《当代中国的司法改革：成就、问题与出路》，载《中国法学》2010 年第 1 期。

② 学界与实务界对"错案追究终身制"的名称认定不一，如学界称其为"主审法官责任制"，云南省法院将其称为"违法审判责任人终身责任追究制"，河南省法院将其称为"错案责任终身追究制"。

③ 陈虎：《逻辑与后果——法官错案责任终身制的理论反思》，载《苏州大学学报》（哲学社会科学版）2016 年第 2 期。

机制，反而产生了诸多变异功能。

# 一　错案追究终身制的历史沿革及时代特征

错案追究终身制的确立是一个历时性的建构过程，它大致经历了三个发展阶段：错案追究制、违法审判责任追究制、错案追究终身制。每一个阶段都具有不同的特征。

## （一）错案追究制（1990~1995 年）

我国在制度建构上存在两种路径：一是中央主导、地方协同式的路径；另一种是地方试点、中央推广式的路径。错案追究制即是在后一种模式的基础上发展起来的。它最初由河北省秦皇岛市海港区人民法院创制，后经最高人民法院肯定，吉林、浙江、山西等地各级法院也相继建立了"错案追究制"。总体说来，这一时期的错案追究制度主要是一种裁判结果导向的责任追究机制，裁判结果的正确与否成为这一阶段是否追究法官审判责任的主要标准。值得注意的是，1995 年颁布的《法官法》并未在法律层面上认定"错案追究制"这一提法，而仅在第 32 条中规定了法官禁止从事的 13 项行为。虽然"徇私枉法""隐瞒证据或者伪造证据""滥用职权，侵犯自然人、法人或者其他组织的合法权益"等法律款项均暗含"错案追究"之意，但"错案追究制"终因法律的不完备无法成为规范法官审判行为的长效机制。

## （二）违法审判责任追究制（1998~2005 年）

随着我国司法改革的深入，司法机关开始审视正当程序在司法审判中的作用。因此，法官责任追究制度的重心开始从裁判结果导向转向裁判结果与程序性审查并举的责任追究导向。

1998 年最高人民法院分别公布《人民法院审判人员违法审判责任追究办法（试行）》（以下称《追究办法》）和《人民法院审判纪律处分办法（试行）》（以下简称《处分办法》），《追究办法》将"错案追究制"从单一的结果导向转变为结果与程序并重的"违法审判责任追究制"。《处分办法》则将"违法受理案件""违反回避制度""违反证据制度""擅自干涉下级法院"等程序性违法（犯罪）事项作为法官责任追究的重点。由此可见，程序性责任的追究成为这一阶段法官责任追究的重点。在《追究办法》公布之后，上海、广东、安徽、海南等省（市）司法机关相继出台"实施细则"，明晰了法官违法审判责任追究制的具体适用问题。2005 年，北京市第一中级法院以"错案追究制有损法官的独立审判权"为由，率先取消了错案追究制，代之以"法官不规范行为认定"制度。[1] 暂且不论"法官不规范行为认定"制度的效果如何，仅从该法院对"错案追究制"的否定而言，法官责任追究机制在审判实践中必然存在亟须改良之处。

## （三）错案追究终身制（2008 年至今）

此阶段，司法机关面临的主要问题在于司法公信力不足、司法不公和司法不独立。面对层出不穷的"聂树斌案"和巨大的社会压力，司法机关如何抑制司法腐败、限制自由裁量权成为新一轮司法改革所需解决的重点问题。[2] 在这种背景下，尽管错案追究制饱受司法实务界和学术界的批评，但是一种"新形式"的错案追究机制——错案追究终身制逐渐开始兴起。

---

① 参见黄海霞《北京第一中级法院取消错案追究制认为有碍公平》，搜狐新闻网，http://news.sohu.com/20051121/n227555277.shtml，最后访问日期：2019 年 6 月 26 日。

② 我国对司法自由裁量权的限制应当是一种规则之治，法官"根据法律做某事，而不是根据个人好恶做某事。自由裁量权不应当是专横的、含糊不清的、捉摸不定的权力，而应当是法定的，有一定之规的权力"。〔美〕伯纳德·施瓦茨：《行政法》，徐炳译，群众出版社，1986，第 568 页。

云南省 2008 年出台的《关于法院审判人员违法审判责任追究办法实施细则（试行）》第 17 条明确规定："违法审判情节恶劣、后果严重的，对有关责任人实行终身责任追究。"随后，河南省在 2012 年出台的《错案责任终身追究办法（试行）》第 2 条规定："人民法院工作人员在审判、执行工作中，应严格公正司法，不得违反法律规定、法定程序办理案件，对所办案件质量终身负责。"经过对比可以发现，与云南省的实施细则相比，河南省在法官责任终身追究范围上并不局限于"情节恶劣、后果严重的"违法审判案件，而是扩大至所有违法审判案件。2013 年 8 月，中央政法委出台了《关于切实防止冤假错案的指导意见》，[①] 将"错案追究终身制"从地方推广至全国，在国家层面得以确立。该意见要求："建立健全合议庭、独任法官、检察官、人民警察权责一致的办案责任制，法官、检察官、人民警察在职责范围内对办案质量终身负责。明确冤假错案标准、纠错启动主体和程序，建立健全冤假错案的责任追究机制。"

值得注意的是，错案追究终身制的发展过程始终伴随着来自实务界和学术界的诸多批评，而且该制度本身的缺陷并未在历史沿革中得到完善。因此，错案追究终身制的确立仍面临诸多问题。

## 二　错案追究终身制的现实困境

### （一）"错案"界定标准不统一

从现阶段的司法实践来看，我国各级法院在错案追究终身制的实施上存

---

① 值得注意的是，最高人民法院 2013 年 11 月出台的《关于建立健全防范刑事冤假错案工作机制的意见》第 27 条规定："建立健全审判人员权责一致的办案责任制。审判人员依法履行职责，不受追究。审判人员办理案件违反审判工作纪律或者徇私枉法的，依照有关审判工作纪律和法律的规定追究责任。"该意见只明确了"审判人员权责一致的办案责任制"，并未明确规定错案追究终身制。

在诸多不统一之处，主要是"地区性差异和对'错案'概念理解上的差异带来的混乱"。[①]最高人民法院在推行错案追究制之初并未明确认可"错案"这一称谓，也未对责任追究的前提性条件作出其他形式的界定，从而使地方法院在制度适用中只能凭借各自的理解来界定"错案"。河南省高级法院在2012年出台的《错案责任终身追究办法（试行）》第3条中规定："本办法所称的错案一般是指人民法院工作人员在办案过程中故意违反与审判执行工作有关的法律法规致使裁判、执行结果错误，或者因重大过失违反与审判执行工作有关的法律法规致使裁判、执行结果错误，造成严重后果的案件。"《内蒙古自治区各级人民法院、人民检察院、公安机关错案责任追究条例》则将"错案"界定为："本省各级人民法院、人民检察院、公安机关及其办案人员办理的案件，认定事实、适用法律法规错误或者违反法定程序而造成裁判、裁决、决定、处理错误的案件。"虽然两地法院均将"事实认定错误"[②]"法律适用错误""审判程序错误"作为"错案"的典型特征，但内蒙古各级法院所认定的"错案"概念是以裁判结果为导向的，[③]而河南省高级法院对"错案"的认定是以损害后果为导向的，即对于符合三类错案特征之一的案件，只有在造成严重后果的情况下才会认定为错案。换句话说，即使法官在审理案件过程中存在程序性错误，只要未造成严重后果就不会因"错案"而受追究。由此可见，最高法院在错案追究的前提性条件——"错案"概念未

---

① 李文静：《我国错案责任追究制的文本考察及制度构建》，载《北京行政学院学报》2019年第1期。

② 弗兰克认为，无论法律多么确定，判决仍然取决于事实认定。假如事实认定存在疑问的话，那么，案件的判决至少也存在同等疑问。参见〔美〕杰罗姆·弗兰克《初审法院——美国司法中的神话与现实》，赵承寿译，中国政法大学出版社，2007，第16页。

③ 富勒从法经济学的视角对错案与损害后果做了比较，他认为："为了确保一个判决正确无误，我们必须消耗时间这种稀缺资源，而且，一个姗姗来迟的正确判决对被告造成的损害可能大于一项很快作出的错误判决所造成的损害，这个问题就会呈现出不同的面目。"〔美〕富勒：《法律的道德性》，郑戈译，商务印书馆，2005，第207页。

界定的情况下推行错案追究终身制，必将导致地方法院在错案认定和责任追究范围上的不统一。

### （二）责任除却事由的主观模糊性

为了防止各级法院肆意扩大错案的范围，错案终身追究制在制度设计上除了明确法官责任追究范围外，还规定了一种反向性的责任除却事由，即在某些情况下，法官不会因错案被追究责任。《处分办法》第 4 条明确了三类不应当给予纪律处分的案件：一是法律、法规尚未规定或者规定不明的、因认识偏差产生的"错案"；二是在法律适用中因理解和认识偏差造成的"错案"；三是对案件事实与证据认定的认识偏差引起的"错案"。[①] 在这三类免责案件中，最高人民法院均将"认识偏差"作为免责的理由。但是，认识偏差既可能来自法官自身的学识、经验差异，也可能来自其对事实和法律的故意曲解。由于"认识偏差"的主观性因素太强，错案是否因"认识偏差"而发生难以获得客观的证据支持。这样，不同法官针对相似案件可能作出完全不同的判决，何种判决是正确判决亦难以获得明确的界定。因此，不同法官对相似案件作出的截然相反的两种判决必然有一个为"误判"。在此意义上说，由于主观认识上的偏差，即便《处分办法》及地方法院均将"认识偏差"作为法官的责任除却事由，法官所作出的判决仍面临着被认定为"误判"的危险。但是，除外事项并不能消除法官被审查的可能，法官在每一个案件中都必须承担责任追究的风险。

### （三）责任产生的必然性与法官职业风险的冲突

错案追究终身制的构建旨在为法官的审判权行使设定某种责任，以期

---

[①]　除此之外，河南省、广东省、彭州市等地方法院也将"法律与政策变化"、"新证据"和"当事人过错"作为错案责任的除却事由。

能够提升司法裁判的统一性和公正性。但是，错案追究终身制以错案作为法官责任追究的前提，而且错案又是相对于正确判决而言的，那么，这似乎意味着：在错案追究终身制下，"一个法律问题实际上总有一个唯一正确答案"。[1] 如果法官作出的判决不同于这一"唯一正确判决"，法官就要被追究责任。但是，有学者提出，"所谓的'唯一正确的答案'也不过是一个不确定的概念。根据这一不确定性的概念确定的'错案'的概念也就必然是不确定的。即便我们承认有某种不太确定的正确答案存在，在大多数案件中，与这种'正确答案'的距离达到什么程度才算是错案呢？……这种与'正确答案'的距离仍然是一个不确定的参数"。[2] 司法实践已经证明，由于案件事实与法律规范都存在一定程度上的不确定性，[3] 案件之间总是或多或少地有所差异，"同案同判"在实践层面必将遭遇"唯一正确解答"难以明确的难题。这样，一种制度性的结果便产生了，即司法裁判作为法官的职业行为，始终存在"同案不同判"的错案风险，"即使司法机关内每个工作人员都尽职尽力，不时出现一些司法决定上的偏差、错误仍然是难免的"。[4]

责任追究的终身制则在追究时效上进一步增大了法官的职业风险。错案责任终身制对于法官而言，主要产生两种职业风险：一是确立责任承担主体是法官个人，审判机关不再作为责任人，增强了办案法官的责任感和危

---

[1]　除此之外，河南省、广东省、彭州市等地方法院也将"法律与政策变化"、"新证据"和"当事人过错"作为错案责任的除却事由。

[2]　王晨光：《法律运行中的不确定性与"错案追究制"的误区》，载《法学》1997 年第 3 期。

[3]　对于案件事实的不确定性，波斯纳的观点是："由于如此之多的法律原则看来都将思想状况作为责任的一个重要因素，看来也许事实不确定性问题将会大大加剧。"参见〔美〕波斯纳《法理学问题》，苏力译，中国政法大学出版社，1994，第 259 页。

[4]　苏力：《法治及其本土资源》，中国政法大学出版社，1996，第 159 页。此外，法国学者勒内·弗洛里奥也认为："公正的审判是不容易的，最审慎的法官也可能把案子搞错。"参见〔法〕勒内·弗洛里奥《错案》，赵淑美译，法律出版社，1984，第 4 页。

机意识；二是办理案件终身负责，法官不会因调离、辞职、退休等原因而免责。① 这样，错案追究终身制就过分加重了法官的裁判负担，一方面它无法消除错案与"唯一正确判决"的二阶逻辑悖论，另一方面又强化了责任追究的长期性，使得法官作为一个职业群体无时无刻不承担着责任风险。丹宁勋爵就指出，"所有法官都应该能够完全独立地完成自己的工作，而不需担惊受怕。决不能弄得法官一边用颤抖的手指翻动法书，一边自问，假如我这样做，我要负赔偿损害的责任吗？……只要真诚地相信他做的事情是在自己的司法权限之内，他就不应承担法律责任"。② 假设错案追究终身制在制度建构上不作相应完善，最终只能导致法官在审判工作中畏首畏尾，影响司法裁判的公正性和独立性。

## 三　错案追究终身制的逆向刺激结果

### （一）以调解代替判决

以调解代替判决的现象在司法实践中已经出现，河北、广西、河南等地甚至出现"零判决""零上诉"等现象。③ 有资料统计显示，2009 年广西各级法院共审结一审民事案件 128284 件，调解结案数为 82673 件，占结案总数的 64.45%；审结一审行政案件 2665 件，调解结案数为 718 件，占结案总数的

---

① 云南省高级法院出台的《关于法院审判人员违法审判责任追究办法实施细则（试行）》第 17 条规定："违法审判情节恶劣、后果严重的，对有关责任人实行终身责任追究。"河南省高级法院出台的《错案责任终身追究办法（试行）》第 2 条规定："人民法院工作人员在审判、执行工作中，应严格公正司法，不得违反法律规定、法定程序办理案件，对所办案件质量终身负责。"

② 〔英〕丹宁勋爵：《法律的正当程序》，李克强等译，群众出版社，1999，第 72 页。

③ 在司法系统外，替代性纠纷解决机制（ADR）的快速发展也成为"以调代判"现象普遍化的一个重要原因。

26.94%；执行案件结案数为 43704 件，调解结案数为 21354 件，占结案总数的 48.86%。[①] 虽然最高人民法院认定"零判决"行为属于地方法院对调解结案的误读，但以调解代替判决的现象并未因此得到改观，"错案追究终身制"甚至可能成为另一个"以调代判"制度。

在错案追究终身制下，法官的责任追究范围主要来源于两个方面：一是判决书；二是诉讼程序的合法性。在第一个来源下，法官所作出的判决结果不可避免地全部被纳入责任追究的审查范围。也就是说，法官只要作出判决就需要承担被追究责任的风险。每增加一次判决，受到责任追究的风险就增加一分。在这种情况下，法官为规避责任，必然寻求一种可以规避风险的纠纷解决方式，而调解恰能满足这种需求。作为法院系统普遍认可的一种结案方式，调解无须制作判决书，也未被纳入法官责任追究的监察范围之内。因此，以调代判既达到了"息讼止争"的目的，又规避了错案追究终身制的责任风险。在这种情况下，错案追究终身制只能演变为另一种形式的"以调代判"制度。

现阶段的司法改革旨在强化司法的独立性，提高司法公信力，增强司法权威，而错案追究终身制所引发的结案形式转型——以调解代替判决——与司法改革的意旨背向而驰。它可能引发的危险是："审判产出的公共产品不断减少，司法开始脱离法治预期的轨道，社会的纠纷解决也会脱离法律的规制。尽管目前尚无证据表明这些危险必然成为现实。但是，在肯定和解以及司法的功能转变带来的积极和合理因素的同时，确实有必要对其潜在问题加以充分关注和持续的观察。"[②]

---

①　资料来源于中国法院网，http://old.chinacourt.org/html/article/201001/17/391377.shtml，最后访问日期：2019 年 6 月 26 日。

②　范愉：《从诉讼调解到"消失中的审判"》，载《法制与社会发展》2008 年第 5 期。

## （二）责任追究与"监督者悖论"

在错案追究终身制下，法官是否承担错案责任是根据其所作判决的正确与否来判定的。河南省《错案责任终身追究办法（试行）》第13条规定："错案责任按下列情形区分责任：1.独任审判造成错案的，由承办人承担全部责任；2.案件承办人未如实汇报案情，故意隐瞒主要证据、重要情节，或者提供虚假材料，导致合议庭或审判委员会作出错误评议结论、讨论决定的；或者遗漏主要证据、重要情节，导致错案、造成严重后果的，由案件承办人承担全部责任；3.经合议庭作出裁决造成错案的，案件承办人、审判长持错误意见的，承担主要责任，其他持错误意见的成员承担次要责任，合议庭成员中持正确意见的不承担责任，审判委员会改变合议庭意见的，合议庭成员中持正确意见的不承担责任；4.主管领导、部门负责人故意违反法律规定或者严重不负责任，利用职权指示独任审判员或合议庭改变原来正确意见导致错案的，主管领导、部门负责人承担主要责任，案件承办人承担次要责任。"此种责任承担方式是司法机关消除司法腐败与肆意裁量行为的一种折中，折中点就是以增加法官个人的责任来弥补司法的制度性缺陷。

但问题是，"法官对法律问题应当有最终的发言权，不应当在法官之外、之上有一个评价法官行为合法性的力量"。[①] 况且，对法官个人责任的追究并不足以消除司法制度自身的缺陷，其理由主要来自以下两方面。一方面，法官责任的承担是以受到查处为前提的，而引起法官责任的违法行为往往具有隐蔽性，如受贿、故意规避法律、法定幅度内的有意轻判等。错案追究终身制虽然在一定程度上能够通过增加法官违法裁判的风险来抑制这些行为，却很难消除司法制度自身的漏洞。另一方面，错案追究终身制无法脱离"监

---

①　周永坤：《错案追究制与法治国家建设——一个法社会学的思考》，载《法学》1997年第9期。

督者悖论"。错案追究终身制的监察机构是法院的内设机构,这种制度设计不仅导致法院内部纠错动力不足,还会造成监督机制的失效。这一"悖论"已经在实践中产生了制度性后果,即"经济性"制裁。① 也就是说,对于产生错案的法官,仅以经济处罚的方式实现错案责任追究。在某种程度上来说,这违背了错案追究终身制的初衷。

河南省《错案责任终身追究办法(试行)》第 5 条规定:"全省各级法院设立错案责任追究工作领导小组,由党组书记、院长任组长,党组副书记、副院长和分管审判管理工作的院领导、纪检组长和政治部主任任副组长。纪检监察部门、审判管理办公室具体负责错案责任追究工作的日常事务。"而最高人民法院于 2011 年出台的《地方各级人民法院及专门人民法院院长、副院长引咎辞职规定(试行)》规定,本院发生严重枉法裁判案件,致使国家利益、公共利益和人民群众生命财产遭受重大损失或造成恶劣影响的,法院院长、副院长应当主动提出辞职。可见,错案追究终身制的监察机构与所监察的对象部分重合,法院院长、副院长对本院法官违法审判行为的审查有可能导致自身同样需要承担责任。由此引发了一个问题:监督者如何自我监督? 孟德斯鸠认为,"一切有权力的人都容易滥用权力,这是万古不移的一条经验。有权力的人们使用权力一直到遇到界限的地方才休止"。② 但是,当监督者开始成为自身权力的监督者时,权力的行使就不再有边界。因此,司法改革者试图以"内部纠错"的错案追究终身制来消除错案,结果只能陷入"监督者悖论"的怪圈。

---

① 江钦辉:《错案责任追究制度的目标偏移与矫正——以西北地区某基层法院错案责任追究的实践为考察对象》,载《河北法学》2019 年第 7 期。
② 〔法〕孟德斯鸠:《论法的精神》(上),张雁深译,商务印书馆,1995,第 154 页。

## （三）责任转嫁

在错案追究终身制下，法官出于自我保护的本能，必然采取责任转嫁的方式来规避风险。责任转嫁是指法官通过"请示"的方式将案件判决结果交由审判委员会或上级法院裁定的一种责任分担与转移方式。这种责任转嫁的后果就是责任泛化。在此情况下，司法集体操作模式造成的后果就难以追究法官个人。[1] 根据河南省《错案责任终身追究办法（试行）》的规定，在合议庭将案件提请审判委员会决定的情况下，审判委员会改变合议庭意见的，合议庭成员中持正确意见的不承担责任。由此可以推定，当审判委员会同意合议庭意见时，审判委员会与合议庭应当就该案件的判决结果共同承担责任。无论出现何种情况，法官对判决结果的责任承担风险都将分担或转移至审判委员会。[2] 同理，法官向上级法院的"请示"也会产生责任转嫁的结果。因此，法官责任的个人承担和终身承担重又回归"无人"承担的局面。

此外，责任转嫁还将导致两审终审制的制度性危机。在两审终审制下，案件当事人对一审判决不服的，可以在法定期限内向初审法院的上一级法院上诉，上级法院就法律适用及审判程序问题进行审查，并根据审查结果分别作出改判、维持原判以及发回重审的决定。但是，一审法官通过"请示"使得一审判决与上级法院之间产生了直接的利害关系。上级法院对一审判决的否定意味着自身需要承担"错案"责任。因此，上级法院为了规避责任，只能作出"维持原判"的决定，案件当事人在二审阶段就很难获得公正的判决，两审终审制由此遭遇制度性危机。

---

[1]  参见张建伟《错案责任追究及其障碍性因素》，载《国家检察官学院学报》2017年第1期。

[2]  有学者针对"何种情况下案件提交审判委员会讨论"这一问题进行了实证研究，结果显示，受访法官一致回答："当我需要有人替我挑担子的时候。"参见吴英姿《法官角色与司法行为》，中国大百科全书出版社，2008，第183页。

## 四　错案追究终身制的实用主义重构

完善的制度设计是"一种特殊类型的制度，即那些不仅由规范确立，而且其功能也是创设和适用规范的制度"，[①] 它应当满足三个标准：一是制度设计本身在于增进公民福利；[②] 二是这套制度对适用者来说具有吸引力，能够被良好接纳；三是该制度能够与其他制度较好地衔接。错案追究终身制就违背了这三个标准。司法机关将错案追究终身制设定为防止"错案"的制度性措施，从根本上来说就将法官置于一种"有错"基础情境之下。它只能增加法官裁判负担，不会产生福利增量；只能引发法官的厌恶情绪，促使法官竭尽所能地规避责任、转嫁责任；只能造成错案追究终身制与《法官法》《处分办法》《刑法》等法官惩处法律和制度的衔接错位，造成司法系统的混乱。由此可见，现行的错案追究终身制是从权力限制的角度来解决司法错案问题的。这是一种法律实证主义的制度建构方式。"法律实证主义之所以这样做的理由是，这可以使法院审慎地行使权力，表明自我约束的态度，也就是说完全在其权限范围内行使司法权力。"[③]

然而法律实用主义认为，这种做法是不符合逻辑的。理由在于，错案限制与责任追究本来就不是一个层面上的问题。法律实用主义从现实需求出发，强调法律制度的工具性和实践性，主张法律制度"是引导人们的行为取

---

① 〔英〕拉兹：《实践理性与规范》，朱学平译，中国法制出版社，2011，第136页。

② 哈耶克认为："由于正当行为规则所能够影响的只是人们努力获得成功的机遇，所以修正或改进这些规则的目的也就应当是尽可能地增进或改进不确定的任何人所具有的这种机遇。"参见〔法〕哈耶克《法律、立法与自由》（第二、三卷），邓正来等译，中国大百科全书出版社，2000，第220~221页。

③ 苗金春：《语境与工具：解读实用主义法学的进路》，山东人民出版社，2004，第254~255页。

得良好效果的手段，衡量其好坏的标准是看它们是否能够有效地增进其适用对象的福利……法律实践决定了法律制度、法学理论和法律观念"。[①] 因此，在法律实用主义者看来，法官错案追究制实际上应当被设计为一种能够有效推动司法公正的权力运行机制，并且机制运行的结果远比运行机制本身更重要。可以说，法律实用主义是一种结果主义导向的法律观。那么，在实用主义法律理念下，我国的错案追究制应当如何改进呢? 虑及实用主义对法律实践和立法连贯性的重视，[②] 笔者认为，错案追究制的实用主义重构应当在以下几个方面进行。

### （一）确立有可操作性的责任追究的标准、范围

现行错案追究终身制的主要问题是法律规制层面的可操作性较差。这是与法律实用主义的制度建构理念相违背的。法律实用主义认为，"不管是现有的还是未来的法律或者立法，不仅仅要考虑该法是不是社会欲求的，更重要的是，要考虑其能否操作实现"。[③] 因此，要强化错案追究终身制的可操作性，首先应当对法官的责任来源前提——"错案"加以定性。现行错案追究终身制中的"错案"称谓，是对"文革"时期"冤假错案"一词的沿用，带有极强的政治含义。而且"错案"一词暗含"一个案件只能有一个唯一正确的判决，否则就是错误的判决"之意，严重违背我国的司法实践经验。因此，"错案"名称应当获得更合理的称谓。笔者认为，提升制度称谓的合理性、合法性也是法治化要求的体现。北京市第一中级法院所言的"法官不规范行为"虽有些许不当之处，但相比于"错案"，无论是在语词歧义的

---

① 秦策、张镭:《司法方法与法学流派》，人民出版社，2011，第 156 页。

② 〔美〕波斯纳:《法律、实用主义与民主》，凌斌、李国庆译，中国政法大学出版社，2005，第 87 页。

③ 〔美〕萨默斯:《美国实用工具主义法学》，柯华庆译，中国法制出版社，2010，代译序，第 9 页。

消除上，还是在制度的形式合法性上都有了较大的提高。在出现更为准确的语词之前，错案责任终身追究制可以用"法官不规范行为责任追究制"代替。

而责任认定标准与责任范围是两个密切相关的概念，认定标准的不确定或模糊性直接影响责任范围的明确性。因此，错案追究终身制可操作性的提升在于责任认定标准与责任范围的明确、统一。《追究办法》将责任认定标准界定为"审判人员在审判、执行工作中，故意违反与审判工作有关的法律、法规，或者因过失违反与审判工作有关的法律、法规造成严重后果"，笔者认为，这一标准既包含故意违法行为的界定，也包括过失违法行为的界定，符合我国现阶段对法官责任追究的现实需求。因此，该标准应当成为我国法官责任追究制度的统一标准。但是，该标准过于抽象，不利于司法实践中的运用，司法机关还应当明确更加具体的责任认定标准。

从现行法律体系来看，能为法官责任认定提供有效标准支撑的是证据制度、指导性案例以及法官对某类案件的主观倾向。法官对法律事实的认定主要依赖于证据的证明力。相关证据链的证明力及法律事实推理的合理性可以成为法官明晰法律事实的有效工具。而指导性案例可以作为法官在类似案件判决上的参考，法官在作出判决时如果明显违背证据指向和相关指导性案例的判决结果，该案件就有可能存在"误判"。另外，法官的职业化使得其可以长期从事单一领域的审判工作。比如，民事审判庭的法官长期从事民事案件的审理工作，刑事审判庭的法官长期从事刑事案件的审理工作等。在这种长期的案件审理工作中，法官对某一类案件的主观倾向会在判决结果中显现出来。[①] 当该法官对类似案件作出不同甚至相反的判决时，法官责任监督

---

① 卡多佐提出，"在意识的深层还有其他一些力量，喜爱和厌恶、偏好和偏见、本能、情感、习惯和信念"。这些力量有助于形成法官判决的形式和内容。参见〔美〕本杰明·卡多佐《司法过程的性质》，苏力译，商务印书馆，2000，第105页。

机构就有责任展开调查。由此可见，抽象性的责任认定标准作为统一性的规范标准，宏观上规范地方各级法院的责任追究标准和范围，而证据规则[①]、指导性案例以及法官对某类案件的主观倾向可以作为具体认定标准，增强法官违法审判责任认定的可操作性。

## （二）建构目标指向的内部与外部混合型监督机制

从 20 世纪 90 年代初的错案追究制到现今的错案追究终身制，内部监督的方式都一直是法官责任追究的启动机制，外部力量始终难以成为监督司法系统的启动方式。正如某学者所言："司法越公开，被批评的可能性越大；人们越是批评，法院为了迎合大众和逢迎上司，就越容易犯错误；法院的错误暴露越多，越受到批评。"[②] 所以，司法机关为了遮盖自身的弊病，长期采用内部监督的方式来限制他方追责。但内部监督机制并不能消除"错案"，也不利于树立司法机关的公信力，因此，法律实用主义势必对现行监督机制提出反诘："现在能做什么来改变未来？与实质目标（来源于大众的需求和利益）相关的是什么？哪些法律规则可以促成此目标？"[③]

从当前广为人们关注的几起错案来看，错案责任追究程序的启动皆源于外部力量的介入。如佘祥林案和赵作海案因"被害人重生"而启动责任追究机制，聂树斌案因"真凶自首"而被人谈及，匡增武案因人大对司法的监督而再审。美国的一项调查也显示，"2009 年至 2011 年间，（美国）共有 154 个改判无罪案件。无辜者项目推动纠正了其中的 75 个案件，包含 43 个基于 DNA 证据改判无罪的案件。检察官和警察积极参与了其中 42 个案件的纠正

---

① 参见樊传明《追究法官审判责任的限度——现行责任制体系内的解释学研究》，载《法制与社会发展》2018 年第 1 期。
② 葛洪义：《司法权的"中国"问题》，载《法律科学（西北政法大学学报）》2008 年第 1 期。
③ 〔美〕萨默斯：《美国实用工具主义法学》，柯华庆译，中国法制出版社，2010，第 78 页。

工作，包括 21 个基于 DNA 证据改判无罪的案件"。[①] 由此可见，外部监督力量在纠正错案上动力充足，也最容易为法院监督机构提供错案线索，能够有效促成制度目标的实现。因此，我国错案追究终身制的制度构建应当以增进司法公正为目标，建立内部与外部混合型的监督机制，其中主要是外部监督机制的构建与融入。

所谓外部监督机制，主要是指依靠司法系统以外的力量来实现对法官审判权的监督的一种机制。司法系统以外的力量包括但不限于案件的利害关系人、社会团体、新闻媒体、人大等主体。监督的范围主要是审判程序的正当性和裁判结果的合法性。监督手段以社会化监督为主、私人化监督为辅。[②]监督手段的社会化是外部纠错机制的核心，它是"权力—权利"冲突不断发展的必然结果。早期的私人化监督手段主要是案件利害关系人通过上诉、申请再审、信访等手段寻求公权力机关提供权利保护的一种"私域性"监督方式，兼有公民维权、问责、监督等含义。相较于法官审判权的强大而言，案件利害关系人很难在"权力—权利"博弈中占据优势。即便"两高"完善了错案追究的内部程序，内部审查与启动的问题仍未解决。[③] 因此，这种监督方式对法官职权的监督作用非常有限。但在以网络媒体为代表的信息传播方式越来越发达的情况下，案件利害关系人开始将案件的影响力扩大至社会层面，吸引更多的"旁观者"参与进来，以此对法官的审判行为形成舆论压力。"而司法，作为国家公权力的一项重要组成部分，有着相对封闭的特点，公民借助媒体力量，尝试在司法过程中获得更多的话语权，可能在与公权力的对

---

① 刘静坤、张倩：《美国最新错案报告（1989 年–2012 年）》，东方法眼网，http://www.dffyw.com/sifashijian/jj/201310/33954.html，最后访问日期：2019 年 6 月 20 日。

② 谢茨施耐德认为，这是一种"冲突的私域化"与"冲突的社会化"之间的力量博弈。参见〔美〕谢茨施耐德《半主权的人民》，任军锋译，天津人民出版社，2000，第 1~17 页。

③ 参见陈海锋《错案责任追究的主体研究》，载《法学》2016 年第 2 期。

抗中获得更为平等的地位，从而有助于司法公平的实现"。[1] 所以，错案责任终身制在追责机制的启动方式上应当充分发挥司法机关外部力量的作用，将外部纠错机制作为内部纠错机制的启动方式之一，同时辅之以追责结果反馈机制。

### （三）降低"行政化"倾向，并加强责任追究的程序性保障

法律实用主义在制度建构理念上遵循结果主义的进路。因此，实用主义法学家萨默斯认为，"造法者直接关注效果即可，根本无需追问其原因"。[2] 比如制定错案追究的方案。如果立法者意在保证司法系统的公正性，那么，他并不需要以责任追究方式给法官戴上"枷锁"，而只需要切断造成司法不公正的来源即可。我国司法错案产生的部分原因在于行政部门对司法系统的干预，其中既包括行政部门在财政、人事管理上对司法系统的干预，又包括司法系统本身的行政化管理模式（例如司法机关与行政机关有同样的纪律处分方式：警告、记过、记大过、降级、撤职和开除）。可见，错案追究终身制虽然是一种法院内部的追责机制，但带有强烈的行政化倾向。"人们很容易并且也习惯于把法院仅仅看作是另一个政府机构，只不过是一个解决纠纷的机构，把上下级法院关系看作是另一种行政监督关系，把院长与法官的关系看成是领导与被领导的关系。"[3] 这样，法官的审判工作极易受到来自司法监督部门的行政化干扰，从而导致司法的独立性难以得到保障。所以，错案追究终身制应当摆脱责任追究方式的行政化倾向，减少司法监督部门及上级法院的干涉。[4]

---

[1] 赵利：《媒体监督与司法公正的博弈》，载《中山大学学报》（社会科学版）2010 年第 5 期。

[2] 〔美〕萨默斯：《美国实用工具主义法学》，柯华庆译，中国法制出版社，2010，第 84~85 页。

[3] 苏力：《中国司法改革逻辑的研究——评最高法院的〈引咎辞职规定〉》，载《战略与管理》2002 年第 1 期。

[4] 参见张莹、冀宗儒《法官职业伦理责任制的构建——由错案追究制所带来的困境谈起》，载《河北法学》2019 年第 4 期。

　　为了保证司法的独立性，错案追究终身制的责任追究程序同样需要完善。"在国外，法官的惩戒大致有两种程序：一为弹劾程序，旨在对实施严重犯罪行为、不法行为或不当行为的法官进行罢免，这种程序启动非常困难；二为惩戒程序，旨在对有违法失职行为的法官进行纪律处分，由独立的委员会或法庭负责。美国一般是由法官行为委员会负责，德国是由联邦、州法官职务法庭专门负责，而法国则是由高等司法委员会负责的。"[①] 反观我国法官责任追究程序的启动，除法官行为构成犯罪外，法官责任的追究一般不会触及诉讼程序，而只能启动违纪调查程序。根据《人民法院监察部门查处违纪案件的暂行办法》的规定，我国法官违纪调查程序的启动较为容易，各级法院监督部门对本级法官、上级法院对下级法院法官都可以启动违纪调查程序，程序启动"门槛"较低。因此，我国错案追究终身制应当提高责任追究程序的启动"门槛"，将启动主体定为中级以上法院，明确上级法院对下级法院法官的审判责任追究职权；取消审判委员会对本级法院法官的责任追究职权，代之以提供错案线索、配合上级法院调查取证的方式履行法官责任追究职能。

---

① 　丁文生:《"错案追究制"司法效应考——兼论我国的法官惩戒制度》，载《湖北警官学院学报》2013 年第 1 期。

# 第十章　案例指导制度的规则制定及其检讨

案例指导制度，是指司法机关为了正确适用法律、保障司法权的统一行使，通过遴选、发布案例的方式指导司法工作的制度。"这项制度虽被正式命名为案例指导制度，但无论从形式还是内容，它都既不同于我国以往的案例编纂制度，也迥异于英美法系典型的判例制度，而是走向有中国特色的'判例制度'的一个过渡性质的制度。"① 案例指导制度的设立初衷在于"统一法律适用标准、指导下级法院审判工作、丰富和发展法学理论"，但是，制度设计上的良好愿望并不能遮盖这一制度的诸多缺陷，尤其是在面对疑难复杂案件和新类型案件时，② 案例指导制度极易引发司法机关的适用困境。③ 经过分析笔者发现，从凯尔森纯粹法学的认知路径出发，似乎更能够明晰案

---

① 周佑勇：《作为过渡措施的案例指导制度——以"行政〔2005〕004 号案例"为观察对象》，载《法学评论》2006 年第 3 期。

② 本文主要对疑难复杂或新类型的指导性案例进行研究，如涉及其他类型的指导性案例会做特别说明。

③ 限于篇幅与针对性，本章所指司法机关专指审判机关，案例指导制度在检察机关的运用情况同样值得研究，但在此不做涉及。

例指导制度的性质、缺陷以及可能引发的后果，也更有利于我们针对案例指导制度提出适当的完善措施。

## 一　案例指导制度的现实境遇

### （一）司法裁判是立法过程的延续

案例指导制度通过指导性案例来弥补立法不明确之处，[①] 并希冀借此实现各级法院在同类案件裁判上的统一性。在凯尔森看来，上位等级的规范确实能够确定下位等级规范的制定程序及内容，但"这种确定不是彻底的"。[②] 上位规范并不能在所有方面都对法律行为进行约束。在地域广袤、民族众多的一个国家中，要保证一般规范涵盖所有社会关系，并给予法律行为尽可能完备的指导是非常困难的。事实上，社会的纷繁复杂性和多端变化总是需要一般规范预留出必要的裁量空间。梅因就指出，"社会的需要和社会的意见常常是或多或少走在法律的前面的，我们可能非常接近地达到它们之间缺口的接合处，但永远存在的趋向是要把这缺口重新打开，因为法律是稳定的；而我们所谈到的社会是进步的"。[③] 因此，凯尔森提出，法律需要留给司法裁量必要的空间，"与下位法相关的上位法仅表现出适用行为所需要的框架特征。再过具体的命令也必须留给执行命令者某些裁量权"。[④] 比如司法机关在审判过程中可以自行确定何时出示证据、何时进行辩论等。在此意义上，凯尔森将一般规范的实际意义认定为其本身的个别化，并且指出一般规

---

① 英美法系的判例分为强制适用的判例（Mandatory Precedent）和参照适用的判例（Persuasive Precedent）。See John Delaney, *Learning Legal Reasoning: Briefing, Analysis and Theory*, John Delaney Publications, 2006, pp.7-95.

② Hans Kelsen, *Pure Theory of Law*, China Social Sciences Publishing House, 1999, p.349.

③ 〔英〕梅因:《古代法》，沈景一译，商务印书馆，1984，第15页。

④ Hans Kelsen, *Pure Theory of Law*, China Social Sciences Publishing House, 1999, p.349.

范个别化的路径在于司法裁判。凯尔森在其纯粹法理论体系中赋予了司法裁判"建构功能"，"从而对个别案件来说，一种判决产生之前不存在的法律状况将被创制（created）……个别规范由于司法裁判成为现实"。[①] 因此可以说，在凯尔森的理论体系中，"司法裁判是法律创制（law-creating）过程的延续（continuation）"。[②] 我国案例指导制度就通过"自下而上"的报送、"自上而下"的发布的方式使得指导性案例由个案效力上升为一种普适效力，司法机关在解释法律的过程中导致了一种造法结果，指导性案例在某种程度上成为立法过程的延续。

案例指导制度所遴选的案件类型包括社会关注度高、具体条款适用缺乏、典型性、疑难型、新类型等形式的案件。对于这几类案件，我国的制定法或多或少存在适用方面的不足，尤其对于新类型和具体条款适用缺乏的案件，制定法在为司法裁判提供法律依据方面存在诸多不足。而陈兴良认为："案例指导制度存在的意义就在于创制规则，从而成为司法解释以外，满足司法活动对于规则需求的另一种途径。因此，如果指导性案例不去创制规则，而仅仅是重复现有的司法解释，那么，案例指导制度的设立初衷就可能无法实现。"[③] 可见，虽然案例指导制度有别于西方国家的判例法，但案例指导制度的建构使得某些案例获得了事实上的普遍约束力，这种约束力通过对法官裁判行为的直接影响，间接地对公民的权利义务关系产生普遍性影响，从而在约束力的普遍性上具备了与制定法相同的效果。[④] 指导性案例作为

---

① Hans Kelsen, *Pure Theory of Law*, China Social Sciences Publishing House, 1999, p.238.

② Hans Kelsen, *Pure Theory of Law*, China Social Sciences Publishing House, 1999, p.239.

③ 陈兴良：《新型受贿罪的司法认定：以刑事指导案例（潘玉梅、陈宁受贿案）为视角》，载《南京师大学报》（社会科学版）2013年第1期。

④ 有学者指出："司法机关之造法活动只是'候补'于立法机关，就'个案'，'尝试地'所作之法律漏洞的补充，以'修正'立法机关迟迟不修正的法律（监督功能），或创制立法机关迟迟不制定的法律（鞭策功能）。"黄茂荣对于"司法造法"的性质界定较为接近凯尔森的学说。但黄茂荣又认为，司法判决只针对"个案"生效，而且只（转下页注）

一种"个别规范","要么由创造该先例的法庭所公布,要么由其他主体,尤其是其他法庭所公布⋯⋯在所有这些情况下,法庭是一个名副其实的立法者"。[①] 法官在作出判决时,既要遵循法律的规定,又要"参照"指导性案例。如此,是否可以说司法之手在窃取立法之权呢?

### (二)刚性约束力:"参照"与"遵照"的分歧

对于指导性案例的约束力问题,诸多学者给出了不同的解答。有学者认为,指导性案例不具有法律上的约束力,不是法律渊源,但是在司法实践中已经具有了事实上的约束力。有学者认为,"人们⋯⋯从司法管辖者的接受中,推断出判例的强制力,将其作为一种习惯法"。[②] 并且这种"习惯法"的效力来源于判例的"正确性"。而凯尔森则认为,"在某具体情形中已给出的判决对于后面出现的相似情形下所应该给出的判决而言具有约束力"。[③]指导性案例的约束力主要来自最高人民法院出台的《关于案例指导工作的规定》,其中第7条规定:"最高人民法院发布的指导性案例,各级人民法院审判类似案例时应当参照。"那么,何谓"应当参照"呢?最高人民法院研究室主任胡云腾对此的解读是:"参照就是参考、遵照的意思⋯⋯应当就是必须。当法官在审理类似案件时,应当参照指导性案例而未参照的,必须有能够令人信服的理由;否则,既不参照指导性案例又不说明理由,导致裁判与指导性案例大相径庭,显失司法公正的,就可能是一个不公正的判决,当事人有

---

（接上页注④）是对制定法不足的弥补,不会侵害立法权,并且"司法造法"尚处于逐案尝试阶段。参见黄茂荣《法学方法与现代民法》,中国政法大学出版社,2001,第87页。

① 〔法〕米歇尔·托贝:《法律哲学:一种现实主义的理论》,张平、崔文倩译,中国政法大学出版社,2011,第115页。

② 〔法〕雅克·盖斯旦、吉勒·古博:《法国民法总论》,陈鹏等译,法律出版社,2004,第443页。

③ 〔法〕米歇尔·托贝:《法律哲学:一种现实主义的理论》,张平、崔文倩译,中国政法大学出版社,2011,第114页。

权利提出上诉、申诉。"[①] 也就是说，由于"应当"的必然性，指导性案例的"参考"性功能消失了，转而只具备"遵照"功能。有调查数据显示："参考《公报》案例的法官比例达到了 51.4%，且全都是在法律适用方面参考《公报》案例；另有 37.1% 的法官是因为审理的案件与《公报》案例不相似，而未予参考；只有 11.4% 的法官承认在案件审理过程中没有想到参考《公报》案例。"[②] 可见，"参照"与"遵照"的一字之差在具体实践中彻底改变了案例指导制度的性质，使得指导性案例在司法适用中成为一种拥有刚性约束力的、几乎与制定法平行的裁判规范。[③] 这种事实上的刚性约束力对我国制定法的调控空间不免产生挤压。

我国地域广阔，东西部经济差距也比较大，社会发展水平、文化水平也存在一定的差异。因此，全国人大在制定全国性法律文件时都给予地方变通权，尤其是在民族自治地方和经济特区，权力机关和行政机关可以依据《宪法》和《立法法》等法律的规定，制定符合当地实际情况的法律规范。然而"先例的核心观念源于基本的正义观：类似案件应得到类似处理"。[④] 最高人民法院以指导性案例的方式划定了全国各级法院"同案同判"的"标准"范式。那么，在何种意义上指导性案例能够决定待决案件的判决结果呢？比克斯认为，两个案件的某些差异能够"证明区别对待两个案件的合理性"。[⑤] 此时的先例原则在这两个相似案件间不得适用。地区之间的差异所

---

① 蒋安杰：《"两高"研究室主任详谈"中国特色案例指导制度"的构建》，载《法制日报》2011 年 1 月 5 日，第 11 版。

② 袁秀挺：《我国案例指导制度的实践运作及其评析——以〈最高人民法院公报〉中的知识产权案例为对象》，载《法商研究》2009 年第 2 期。

③ 有学者认为，指导性案例的"参照适用"在实践中已经转变为"必须适用"。参见宋菲《指导性案例运用的理据与要求——以指导性案例的功能为分析视角》，载《中南大学学报》（社会科学版）2018 年第 3 期。

④ 〔美〕布赖恩·比克斯：《法理学：理论与语境》，邱昭继译，法律出版社，2007，第 175 页。

⑤ 〔美〕布赖恩·比克斯：《法理学：理论与语境》，邱昭继译，法律出版社，2007，第 175 页。

引起的"同案不同判"现象是符合司法统一性的，这种差异具备了法律上的合理性，既维护了个案正义，又不会对司法统一产生消极的影响。但是，如果法官对指导性案例的盲从突破了合理性的界限，"同案同判"的追求也就超出了个案正义的范围，案例指导制度的约束力会成为法官追求实质正义的桎梏。

### （三）自由裁量权如何行使：法律的不确定性与"漏洞"理论

现阶段，我国法官的专业素质参差不齐。尤其是在基层法院，法官既要承担大部分的审判工作，又面临着法律不确定的困境，这就导致了法官在认定案件事实和适用法律方面无法产生统一认知，从而致使"同案不同判"现象时有发生。司法改革者试图依靠案例指导制度来实现各级法院在法律适用上的统一性，消解因法官的自由裁量所导致的司法不公现象。但是，自由裁量权是法官审判职能的必要组成部分，并不能因"同案不同判"现象的存在而否定它在司法审判中的作用，自由裁量权的规范行使并不能通过制度性措施来得到控制。

自由裁量权无法控制的原因之一在于法律不确定性（indefiniteness）。凯尔森认为，法律的这种不确定性包括三种形式：相对不确定性（relative indefiniteness）、有意不确定性（intentional indefiniteness）和非有意不确定性（untentional indefiniteness）。[①] 在法律不确定性的三种情形下，法律适用就存在多种可能，因此，"一般规范"必须被解释，自由裁量权由此获得行使空间。自由裁量权得以存在的另一个原因是"法律漏洞"的存在。凯尔森一方面认为"法律毫无漏洞可言"，[②]"任何讼争，皆因原告之诉请而起，而裁

---

① See Hans Kelsen, *Pure Theory of Law*, China Social Sciences Publishing House, 1999, pp.349-350.

② 〔美〕凯尔森：《纯粹法理论》，张书友译，中国法制出版社，2008，第102~103页。

判对此诉请要么支持要么驳回，完全取决于制定法——即个案中待适用之有效规范——是否将所诉请之行为规定于义务。既然非此即彼而并无第三种可能，那么总能依制定法对其做出裁判（即制定法之适用）"。① 另一方面，他又假借"法律漏洞"之名，② 赋予法官创造个别规范的权力。当法官依据现有法律条款无法裁判时，便将其归结为"法律漏洞"，从而法官可以行使自由裁量权来创造个别规范。案例指导制度即企图以"指导性案例"的形式创造个别规范，将个案判决的效力普遍化。但是，此种做法似乎并未能按照最初的设定路线运行。制度的合法性以及审判权的独立性都对案例指导制度提出了异议。

## 二　案例指导制度的发展困境

案件指导制度的构建，不仅对法官的独立审判权提出了挑战，也使得司法系统在运行过程中产生了不同路径。我国司法系统一直遵循的是四级两审终审制 ③ ，法官对案件的审判权力也由审级制度作出具体规定。审级制度与案例指导制度之间的多种差异将会引发法官的裁判难题。

---

① 〔美〕凯尔森：《纯粹法理论》，张书友译，中国法制出版社，2008，第102~103页。

② 如果法官最终还是以漏洞为借口宣布了一个规则，那么，他就窃取了一个并不属于他的权力。参见〔法〕米歇尔·托贝《法律哲学：一种现实主义的理论》，张平、崔文情译，中国政法大学出版社，2011，第120页。凯尔森认为，"法律漏洞说"乃是立法者受错误理论影响之结果，因此，立法者需要对法律条款加以包装，令法官对此权力浑然不觉。参见〔美〕凯尔森《纯粹法理论》，张书友译，中国法制出版社，2008，第105~106页。

③ 两审终审制是否需要改革在我国法学界仍是一个不断热议的问题。有学者认为，"一个无法否认的现实：两审终审制已名存实亡，司法的终局性已荡然无存，审级制度的主体结构正在被'例外'和'补救'程序冲击、剥蚀和瓦解。1990年代中期以来，这一现实逐渐引起关注和反思，建构三审终审制的讨论方兴未艾"。参见傅郁林《审级制度的建构原理——从民事程序视角的比较分析》，载《中国社会科学》2002年第4期。

## （一）案例指导制度的"等级秩序"问题

众所周知，我国司法统一的核心机制是审级制度，即"法院系统划分为不同的级别以及案件能经过几级法院审理而最终产生法律效力的制度"。[①]戴维·M.沃克认为，"审级"也是一个相对概念，初审法院相对于上诉法院而言才具有等级意义。[②] 我国法院审级的设置既反映了我国法院之间级别的不同，也反映了初审法院与上诉审法院之间的相对关系。具体来说，我国法院系统分为四级审级，审级越高的法院，其等级也就越高，其裁判结果的权威性也就越强。由此推知，最高人民法院作出或认可的判决结果在法院系统内具有最高"等级"的权威。[③] 案例指导制度即是在这一"等级秩序"基础上建立起来的。但是，这种情况也恰恰忽略了上下级法院之间的协调与监督关系。[④] 这一点值得警惕。

从案例指导制度的建构基础来看，它既非立基于现行法律体系，也非根植于司法体制，而是依托于广被人诟病的司法"等级"结构，指导性案例的遴选程序就集中反映了这种等级性。指导性案例一般由下级法院将具有代表性的案例逐级上报至最高人民法院，再由最高人民法院进行遴选、发布。最终发布的案例一般能够集中反映最高司法机关在办理某类案件方面的意见和倾向，因而对下级法院具有普遍指导意义和宏观指导功能。由此可见，指导性案例得以"参照"适用的根源在于最高人民法院的"等级"权威。

---

① 李化祥：《中国审级制度发展的路径》，载《甘肃社会科学》2011年第5期。

② 参见〔英〕戴维·M.沃克：《牛津法律大辞典》，李双元等译，光明日报出版社，1988，第450页。

③ 有学者提出，案例指导制度的形成依赖于一元多级的遴选机制，虚化了审级制度。参见刘克毅《论人民法院指导性案例形成机制》，载《法律科学（西北政法大学学报）》2018年第6期。

④ 参见蒋敏《协调与指导：上下级法院审判监督关系探究》，载《法律适用》2018年第17期。

然而，指导性案例的"等级"权威也使得案例指导制度产生了一个问题，即指导性案例在不同审级的法院之间具有相同的权威，上级法院没有权力推翻下级法院适用指导性案例作出的判决，或者说，案例指导制度在制度设计上并未赋予上级法院对下级法院适用指导性案例正确与否的审查权，下级法院则借助指导性案例就可以规避被上级法院撤销判决的风险。理由在于，除非该上级法院是最高人民法院，否则，其他法院无权审查或撤销最高人民法院作出或认可的判决。审级制度下的上诉审程序同样会因为指导性案例的权威性而变得毫无意义。在上诉审程序下，二审法院审查的是法律适用的正确与否，但一审法院的判决参照的是指导性案例这一权威性先例，历来的司法实践表明，"下级法院都遵从上级法院的判例。否则，下级法院所出的判决就必然在上级审时被撤销。况且，在存在法官升任制度的情况下，有敢于反抗上级审的人实属罕例"。① 所以说，各级法院在审查权限和法官考评制度的双重影响下，必然要承认指导性案例的"等级"权威，并据此判案。

## （二）对立法权与独立审判权的僭越：案例指导制度的合法性危机

成文法国家都面临着一个"立法滞后性"的问题，正如莱奥尼所言，"以立法活动为核心的法律体系，就相当于我们曾经提到的中央集权经济，在这样的社会中，所有重要的决策都是由几个领导们做出的，而他们对于全局的了解必然是十分有限的，即使他们确实尊重人们的意愿，其结果也受到这一知识的有限性的约束"。② 我国的制定法虽然存在诸多不足之处，但它并未给予案例指导制度任何合法性基础。最高人民法院在《关于案例指导工作的规定》中将"疑难复杂"和"新类型案件"列为指导性案例的入选标准

---

① 〔日〕大木雅夫：《比较法》，范愉译，法律出版社，1999，第126页。
② 〔意〕布鲁诺·莱奥尼：《自由与法律》，秋风译，吉林人民出版社，2004，第27页。

之一，实则是司法机关在制定法未及的范围内率先创制"个别规范"，而且这种"个别规范"的"参照"适用意义似乎又超越了立法的合法性限制。在此情况下，最高法院依据案例指导制度率先将此类案件的判决效力普遍化，要求各级法院依此先例裁判，有导致我国立法二元化之虞。[①] 我国现行法律体系仅承认裁判结果的个案约束力，对司法机关创制裁判规则的权力并未作出明确规定。因此，案例指导制度将个案判决结果作为一种判决标准的做法必将遭遇制度存续的合法性危机。

此外，法官审判权的独立性也对案例指导制度的合法性基础提出了异议。独立审判权的意义在于个案公正，法官在案件审理过程中不受其他行政部门、其他司法人员的干涉，独立作出判决。但是下级审判机关在遇到疑难复杂案件和新类型案件时，习惯性地向上级审判机关请示，并根据上级"指示"作出判决。虽然请示行为的目的之一在于接受上级法院的业务指导，但此行为在某种程度上也是对独立审判权的一种侵犯。受案例指导制度的影响，某些案件的"请示"可能有所削减，但法官在面对相似案件时必须参照指导性案例，而忽视案件之间的不同点，这样，法官的审判独立性以及个案裁判的公正性恐怕会受到更大程度的削弱。因此，案例指导制度对立法权与法官独立审判权的"僭越"将成为其无可回避的制度缺陷。

## （三）裁判依据与适用方式的冲突

审级制度是我国司法制度中的一项基本制度，其他制度的构建与完善

---

① "指导性案例作为审判的重要依据或参照，具有法官造法的性质，可能导致司法权对立法权的冲击。这是建立案例指导制度面临的最大困难。"参见徐昕《迈向司法统一的案例指导制度》，载《学习与探索》2009 年第 5 期。凯尔森也认为，如果立法者将无法预见之情形委托法律适用者代为确定，就将承担法律适用者擅加裁量之风险，法律创制的重心也不无由一般规范转为个别规范、从立法者转向执法者之虞。参见〔美〕凯尔森《纯粹法理论》，张书友译，中国法制出版社，2008，第 106 页。

都与其配套进行。可以说，其他的司法制度是对审级制度的"补充"。但是，案例指导制度在制度构建上突破了审级制度的束缚，具体说来主要是裁判依据与运行方式上的差异。

案例指导制度所针对的五类案件比较特殊，尤其是疑难复杂案件和新类型案件，法官往往无法从法律条款中得出明确的裁判依据。同时，法官的裁判义务又不允许"审而不判"。此种情况下，上级法院的裁判先例和指示就成为法官裁判的重要依据 [①]。案例指导制度的创设基础恰在于此，其以最高法院的权力层级获得裁判理由的权威性，并融合"先例"和"上级指示"的双重权威来作出裁判。司法实践证明："关于法官在审理案件时与《公报》案例保持一致的主要原因，有 57.1% 的法官认为是《公报》具有权威性，25.7% 的法官认为是《公报》案例正确适用了法律，也有 17.1% 的法官认为如与《公报》案例不同，担心上级法院改判。" [②] 所以，案例指导制度下法官作出的裁判依据是指导性案例的等级权威，而非法律条款的权威。这是与我国现行法律体系"以法律为准绳"的要求相背离的。

在适用方式上，有学者认为，指导性案例的适用应当具备三个条件："案件审理缺乏具体的制定法规范"、"存在具体的指导性案例规则"以及"具有相似的案件事实"。[③] 但是，指导性案例的适用条件是否具备仅是法官的个人看法，当事人对某一指导性案例是否"应当参照"、是否"应当参照"其

---

[①] 四川省高级人民法院与四川大学联合课题组对《最高人民法院公报》创刊以来的834件案例以及四川省高级法院《案例指导》发布的107件案例进行了案例引用情况统计，结果显示：68.98%的法官认为典型案例应当在"裁判说理部分"引用；而12.22%的法官认为应当在"裁判依据部分"引用。由此可见，典型案例在司法实践中已经具有类似于法律的功能，法官可以在法律之外、典型案例中获得裁判依据。

[②] 袁秀挺：《我国案例指导制度的实践运作及其评析——以〈最高人民法院公报〉中的知识产权案例为对象》，载《法商研究》2009年第2期。

[③] 刘作翔、徐景和：《案例指导制度中的案例适用问题》，载《湘潭大学学报》（哲学社会科学版）2008年第2期。

他指导性案例等的疑问可能会成为诉讼程序运行中的疑难问题，指导性案例的选择与规避、运用指导性案例不当的上诉和再审也会成为司法审判中的焦点问题。[①] 而我国的诉讼法规定，法官在案件审理过程中的职能是查明案件事实、正确适用法律，并不对指导性案例的适用正确与否进行审查。因此，指导性案例适用所产生的诸多问题并不能在现行诉讼程序下得到解决。故此，无论案例指导制度在抑制法官自由裁量权、实现"同案同判"问题上多么有效，终不能超越诉讼程序的规定，否则只会本末倒置，造成司法混乱。

## 三　案例指导制度融入司法体系的完善措施

案例指导制度是我国在判例法建立前的一种过渡形式，它的本意是建立一种可供法官"参考"的软制度来"统一法律适用标准、指导下级法院审判工作、丰富和发展法学理论"。因此，案例指导制度不应当借由最高人民法院的"等级"权威来获得强制力，也不应当急切地获取过大的司法空间，而应当采取渐进式的改革方式，逐步融入我国的司法体系中。因此，对于案例指导制度的构建应当明确以下几点。

### （一）明确案例指导制度的功能定位

案例指导制度的创设，虽然旨在维护司法统一，消除司法不公，但其同时也在司法系统内建构出一条有别于审级制度的裁判路径。这一裁判路径与审级制度最大的不同在于其裁判依据并非来自制定法，而是来自指导性案例。尤其在面对疑难复杂案件和新类型案件时，成文法缺少明确规定，而指

---

① 参见马荣、葛文《指导性案例裁判要点的类型与运用研究——以〈最高人民法院公报〉案例裁判摘要为原型的借鉴》，载《南京大学学报》（哲学·人文科学·社会科学版）2012 年第 3 期。

导性案例又具有"参照"效力。法官无论是依据前者作出裁判，还是依据后者作出裁判都会影响我国的司法统一。案例指导制度作为一种指导性制度，虽然具有监督和控制法官的自由裁量权的作用，但不应成为我国司法制度中的重心。

在我国现行法律体系下，案例指导制度应当定位于以下几个方面。(1)认可指导性案例的"示法"与"释法"功能，严格限制其"造法"功能。有学者认为，"判例的创造性作用总是或几乎总是隐藏在法律解释的外表后面"。① 无论是何种案件，法官都需要从法律中获得裁判的正当性。当面对疑难案件时，法官就需要从成文法的解释中明晰法律规定的内容。指导性案例的存在应当是给予法官一种"示法"与"释法"的标准，而非"造法"的权力。因此，指导性案例应当定位于"示法"与"释法"功能，避免超脱于"参照"意义之外。(2)将案例指导制度定位为审级制度的补充性制度。有学者认为，案例指导制度发展的桎梏在于审级制度的限制，"案例指导制度的构建应当配套进行审级制度的改革，借鉴各国通行做法，实施有限的三审终审制，并通过法院职能的调整，来为案例指导制度在我国的推广扫除障碍"。② 但是，案例指导制度作为指导法官法律适用的制度，其本身只是司法制度中的一个辅助性制度。因辅助性司法制度的发展阻碍而改革基本的司法制度，一方面不为司法实践所允许，另一方面也是舍本逐末之举。案例指导制度的建构与发展必须能够与审级制度相协调，否则在司法实践中将举步维艰。(3)使指导性案例的适用回归到成文法中来。"判例并非独立的法律现象，它是依附于法律的，因此判例的效力也是从属于法律的。"③ 案例指导制

---

① 〔法〕勒内·达维德：《当代主要法律体系》，漆竹生译，上海译文出版社，1984，第125页。

② 黄潇筱：《谈对我国案例指导制度的几点思考——兼评〈关于案例指导工作的规定〉》，载《牡丹江大学学报》2011年第6期。

③ 刘风景：《判例的法理》，法律出版社，2009，第99页。

度将指导性案例的判决结果作为某类案件的裁判标准，既违背我国"以法律为准绳"的裁判要求，又缺乏合法性基础。所以，案例指导制度应当明确地将指导性案例定位为成文法的"理解工具"，法官作出裁判时可以参考指导性案例的判决结果，但必须针对个案的特殊性，依据法律规定作出裁判。案例指导制度不能对成文法尚未规定的内容做普适性的强制指导，避免对法律作出扩大解释。

## （二）指导机制的"去行政化"

司法系统出现行政化现象的原因在于等级式的建构模式。法院的等级化设置，在各国司法体制中都有体现，效果却不同。例如，法国的一般法院[①]就分为三级，即初级法院、中级法院和最高法院，但是"在法国……法官在审判活动中，无须接受任何人的命令，只依据自己的意志进行判决"。[②] 而我国法院以审级方式建构起了自身的等级关系，上级与下级之间是"指导、监督"关系，带有极强的行政化意志。"上级法院俨然以下级法院的'行政领导'自居，通过各种措施迫使下级法院驯服甚至成为实现其政绩的工具。"[③] 案例指导制度无论在制度建构上还是实践过程中都表现出了"行政化"的弊端。

在案例指导制度下，法官在审理同类案件时"应当参照"指导性案例作出裁判，不参照指导性案例而导致错案时，法官要受到责任追究。责任追究的权力来源之一就是最高法院的司法权威，司法机关的上下级关系日益趋同于行政机关的上下级关系。所以，案例指导制度如何"去行政化"就成为影

---

[①] 法国法院分为一般法院和行政法院，只有一般法院才属于司法机关，而行政法院属于行政机关。参见朱景文《比较法总论》，中国人民大学出版社，2004，第197页。

[②] 张智辉、谢鹏程：《中国检察》，中国检察出版社，2003，第499页。

[③] 胡玉鸿：《面对案例指导制度的忧虑》，载《苏州大学学报》2011年第4期。

响其功能发挥的重要难题。有学者认为，"指导性案例的权威不是来自行政级别的'权威'，更不能用'追究责任'的威胁来强迫法官服从"。[①] 审判等级的权威性无法为案例指导制度提供长效机制，案例指导制度的"去行政化"之路最终需要在司法体制改革上寻找出路。

### （三）指导性案例的遴选程序与适用难题的完善

案例指导制度的建构是围绕指导性案例展开的。因此，指导性案例的确定与适用就成为制度成败的关键。指导性案例的遴选范围包括 5 类案件：（1）社会广泛关注的；（2）法律规定比较原则的；（3）具有典型性的；（4）疑难复杂或者新类型的；（5）其他具有指导作用的案例。各级法院可以对本院及其所辖法院中符合上述条件的、已经发生法律效力的判决进行推荐，由最高法院案例指导工作办公室负责指导性案例的遴选、审查和报审工作。但是，随着案例指导制度的不断实践，许多程序性问题开始凸显。例如，指导性案例的提起方式较为单一。《最高人民法院关于案例指导工作的规定》第 5 条规定，指导性案例的选送方式为推荐，而《最高人民检察院关于案例指导工作的规定》中关于指导性案例的选送方式则包括选送、推荐和征集三种。所以，最高人民法院应当适度增加指导性案例的选送方式，为公众参与提供更广阔的平台。

此外，在指导性案例的遴选过程中，"典型性""新颖性"不好把握，也广为学者所诟病。有人认为，"案例并非因'典型'而上《公报》，而是因为上《公报》而'典型'"。[②] 以第 3 号指导性案例"潘玉梅、陈宁受贿案"为例，该案的 4 个裁判要点同 2007 年《最高人民法院、最高人民检察院关于办

---

① 吴英姿：《案例指导制度能走多远》，载《苏州大学学报》2011 年第 4 期。

② 袁秀挺：《我国案例指导制度的实践运作及其评析——以〈最高人民法院公报〉中的知识产权案例为对象》，载《法商研究》2009 年第 2 期。

理受贿刑事案件适用法律若干问题的意见》中的相关规定一致。因此，有学者认为，"本案（指潘玉梅、陈宁受贿案——引者注）作为第一批指导性案例之一，其创制的规则缺乏原创性，它只是对已有司法解释的一种重申"。[①]所以，案例指导制度的完善，需要在指导性案例的遴选标准、遴选程序上作出更具操作性的规定。除此之外，高级法院是否应当获得指导性案例的发布权，类似指导性案例之间的冲突如何解决等问题都需要更完备的程序性规定来加以解决。因此，案例指导制度的建构与发展不仅要关注指导性案例的指导性价值，还应当注重指导性案例遴选程序的完善。

指导性案例适用程序是另外一个值得考虑的问题。指导性案例在司法裁判中究竟是作为裁判依据还是作为裁判理由仍未形成定论。[②] 指导性案例作为裁判依据难以在现行法律体系下获得有效的法律支撑，而作为裁判理由又会遭遇上诉审的难题。"由于'指导性案例'的'事实上的拘束力'性质和效力，当事人不能直接以之作为申诉事由。"[③] 当事人若以判决结果违反指导性案例，或者以指导性案例适用错误为理由提起审判监督程序，难以获得支持。所以，案例指导制度必须将指导性案例的司法适用与程序性规定并行完善，进一步提升法律职业共同体（尤其是法官）的水平与能力。[④]

---

① 陈兴良：《案例指导制度的规范考察》，载《法学评论》2012 年第 3 期。

② 关于指导性案例的性质问题，下述文章均有所讨论：武树臣《判例制度研究》，人民法院出版社，2004，第 1020 页；张骐《试论指导性案例的"指导性"》，载《法制与社会发展》2007 年第 6 期；张友根《论指导性案例的约束力范围》，载《苏州大学学报》（哲学社会科学版）2011 年第 4 期。

③ 陈灿平：《案例指导制度中操作性难点问题探讨》，载《法学杂志》2006 年第 3 期。

④ 参见李红海《案例指导制度的未来与司法治理能力》，载《中外法学》2018 年第 2 期。

# 第十一章　产业园区立法问题的反思

　　区域立法不是中国首创的立法模式，但区域立法的现代模式却是由中国打造并深入推进的。纵观现代中国立法发展史可以发现，立法经历了从宏观向微观的全面发展过程。在此过程中，国家在宏观立法上逐渐从"宜粗不宜细"式立法走向"全面立法"，并在 2011 年形成了中国特色社会主义法律体系；而在微观立法上，我国通过 1979 年《地方各级人民代表大会和地方各级人民政府组织法》的修改，赋予地方人大及其常委会立法权，并在 1986 年《地方各级人民代表大会和地方各级人民政府组织法》的再次修改中，明确规定了省会城市与较大的市人大及其常委会的地方立法权。到 2015 年，通过《立法法》的修改，我国享有地方立法权的主体扩张至 284 个设区的市（包括不设区的东莞市、中山市和嘉峪关市）。在宏观立法与微观立法并行发展之际，我国在区域立法上同样创造出诸多创新性制度，例如京津冀跨区域立法、粤港澳大湾区"跨法系"立法以及产业园区立法。对于前两者，"鉴于我国现行的地方立法体制，区域立法机构作为一个单独的机构还不存在，为此，需要将立法文本分别交给各地方立法机关履行通过程序，变成具有法律效力的地方立法"。① 而后者，自 2000 年伊始，便在我国经济高速发展过程中，展现出区域立法的独特价值。其中，尤以北京中关村产业园区立法、自贸区立法为典型。② 随后，全国各地的高新产业园区、高新经济开发区区域立法迸发开来，推动了我国区域立法理论与实践的发展。鉴于产业园区立法在我国区域立法中的独特定位，全面了解并深入推进产业园区立法，能够进一步加快我国的法治建设进程。所以，我们不妨以河北（石家庄）高端医药产业园区为例，探讨生物医药产业园区发展与区域立法保障的关系问题，以期能够进一步提升我国区域立法的理论与实践高度。

## 一　产业园立法（及立法例）的背景

进入 21 世纪，生物医药产业展现出异军突起之势，而且发展迅猛。由此产生的专门性的生物医药高科技产业园也如雨后春笋般成长起来，大有与高新电子产业开发区、经济技术开发区三足鼎立之势。在生物医药产业迅速发展的同时，单一产业发展所带来的弊端也凸显出来，经济发展的需求同生态环境保护之间的矛盾，地方经济发展与国家规划的矛盾，产品研发与知识产权保护的矛盾等无一不困扰着生物医药产业以及医药产业园的发展。而且我国的社会主义法律体系初步成形，法律部门不是十分健全，法律的专门性、实效性还有待完善，但是生物医药产业园区的发展不容耽搁，否则对于国家的发展战略会产生不良影响。

生物医药产业作为 21 世纪新兴产业，是一个关系到国家发展战略的重要行业。而以产业园区的方式集中产业优势力量，可以实现产业统一管理、

---

① 王春业：《论京津冀区域协同发展中的法治促进》，载《南京社会科学》2018 年第 1 期。
② 参见陈俊《中关村科技园区授权立法问题研究》，载《中国法学》2000 年第 6 期；陈立虎《中国自由贸易园区立法的新思考》，载《法治研究》2016 年第 2 期。

协同发展，做大做强某一产业，并且这种产业发展模式在世界范围内已经证明其可行性。同时我们也要注意到法律制度在园区发展中所起到的作用，美国的硅谷高科技产业园区、我国台湾地区的新竹高科技产业园区以及北京的中关村科技园区无不证明了法律在推进产业园区发展中的强大作用。目前我国在生物医药产业园区建设方面尚处于摸索阶段，而且主要是仿效高新技术科技园的发展模式来指导自身建设，但我们要明白，生物医药产业虽然也是高新技术产业，但其某些特征决定了这种模仿并不是完全合适的，生态环境保护问题就是一个鲜明实例。因此，考虑到我国在生物医药产业园区建设方面缺乏专门性的法律法规做指导，而法律制度对园区发展具有不可替代的作用。笔者决定以此为研究对象，希望能为河北（石家庄）高端医药产业园区的建设和石家庄市人大的立法工作提供一些浅薄的建议，同时也为我国在产业园区法律制度建设和推广方面提供些许帮助。

生物医药产业作为 21 世纪蓬勃发展的产业，以产业园区集中发展的方式加快发展已在国内外成为共识。产业园区发达的欧美等国的学者对于把专门性的生物医药产业园区作为研究对象的研究成果还不是很丰富，主要还是集中在生物医药产业的发展策略、生物医药产业园区对其他类型的产业园区的借鉴方面，研究内容包括生物医药产业发展与产业园区规划、工业园区的历史沿革、不同类型的产业园区的法律制度借鉴、产业园区的生态环境保护等方面。

就我国而言，学者们对于生物医药产业园区建设的研究还停留在翻译国外研究成果、对国外的园区治理模式进行本土化"培植"阶段。多数学者在研究我国产业园区建设的不足上达成了以下共识：(1) 产业结构不合理，重复建设现象严重；(2) 研发资金投入和创新不足；(3) 管理体制不合理；(4) 知识产权问题亟待解决等。在现行法律法规中，我国还没有颁布高端医药产业园区方面的专门法律法规，只颁布了几部指导性政策文件：北京市于 2000 年 12 月 8 日在第十一届人民代表大会常务委员会第二十三次会议通过的《中关村科技园区条例》；深圳市自 2001 年 5 月 1 日起开始实施的《深圳经济特区高新技术产业园区条例》；河北省自 2002 年 6 月 1 日起开始实施的《河北省高新技术产业开发区条例》等。这些规范性文件都为高端医药园区的建设提供了借鉴，对指引导高端医药产业园区建设、规范高端医药产业园区的管理制度起到了重要作用，同时也为制定河北（石家庄）高端医药产业园区条例做了铺垫。

生物医药产业是全球继信息产业之后又一具有强大影响力和生命力的高科技产业，已经成为世界各国占领国际市场和增强国家实力的产业竞争聚合点。我国作为医药大国，高度重视医药制造和医药研发。独具中国传统特色的中医药更是凝聚了我国历代医药制造者的无数心血。在现代医药产业转型至规模化、产业化的特殊时期，我国医药产业（无论是中医药产业还是西医药产业）应当把医药产业的转型、升级作为提升我国医药产业国际竞争力的重要战略。生物医药产业作为医药产业领域中的新兴产业，其发展前景已为各医药大国所重视，被提升至国家战略的高度。因此，我国大力发展生物医药产业已是大势所趋。而且各国经验已经表明，高科技产业的发展不能像传统的分散经营模式那样闭门造车，而应当充分利用高科技产业的特点进行聚集模式经营，如硅谷模式。因此，高端医药产业园的建设势在必行。河北省作为我国北方重要的生物医药产地，建设高端医药产业园具备得天独厚的优势。反过来说，这些优势力量的存在也要求河北省必须大力发展医药产业园。

河北（石家庄）高端医药产业园区位于石家庄市高新技术开发区的南部。河北省跨半干旱、半湿润两个自然带，气候条件适中，适宜多种药用植物的规模种植，依托广袤的华北平原，可以就近种植、采购原材料药物，既节约了成本，又发展了经济。在区位上河北（石家庄）高端医药产业园区处于环渤海经济圈的外围区，石家庄市又是环渤海经济圈对内陆地区经济辐射的主要路径之一，素有"南北通衢、燕晋咽喉"之称。交通方面，河北（石家庄）高端医药产业园区处于市区主干道延伸线上，通过石环公路和环城公路连接石家庄市郊县。铁路、公路、航空运输的向外延伸，也对改善石家庄外向型经济发展环境具有重大意义。这些都为河北（石家庄）高端医药产业园区的生产、服务、销售等环节提供了得天独厚的条件。

石家庄市作为我国北方传统的医药产业基地，医药产业在城市经济和社会发展中占有重要的地位。石家庄市医药产业在50多年的发展中逐步形成了独具自身特色的产业结构体系。发酵药物成为医药产业基地的主导产品，并在国内市场上占据了重要的地位。进入21世纪，现代中药开始成为"药都"的新特色产业，辅之以医疗器械和医药流通服务，使石家庄医药产业基地拥有了完备的产业体系。同时还造就了一大批成规模、有特色、竞争力突出的医药企业，如华药集团、以岭药业、石药集团等；研制出了众多在国内外具有优势地位的医药产品，其中原料药产量有3个品种居世界前列、4个品种居全国前列，10余个制剂品种居全国前列，超过5个基因工程品种和10多个中成药品种国内知名；区内建立起了相对完善的基础设施，为石家庄生物医药产业基地的发展提供了必要的硬件基础。

在2005年石家庄生物医药产业基地成为国家首批生物产业基地之后，河北生物医药产业园积极进行产业结构调整，园区内的众多龙头企业纷纷将生物医药确立为企业的主要攻坚方向，并以此带动其他医药企业进行产业升级，提升了石家庄生物医药产业的档次和水平。2009年河北（石家庄）高端医药产业园区通过国家审批，落户于石家庄。它位于石家庄市东部产业功能新区，国家高新技术产业开发区南部，兴安大街以西，石环以北，闽江道以南，祁连街以东。核心区规划总面积约19.72平方公里，实际可用建设用地面积约12.62平方公里。规划核心区分为南北两个主体功能区，主体功能区之间由生态水网隔离带分开。其中，北部主体功能区由综合服务区、创新创业区、生物制药区和营养保健品区组成，南部主体功能区由化学制药区、现代中药区、医疗器械区和医药物流区组成（见图 12-1）。河北（石家庄）高端医药产业园区的"规划基期为 2009 年，启动建设期为 2010~2012 年，产业扩张期为 2013~2015 年，提升完善期为 2016~2020 年"。[①]

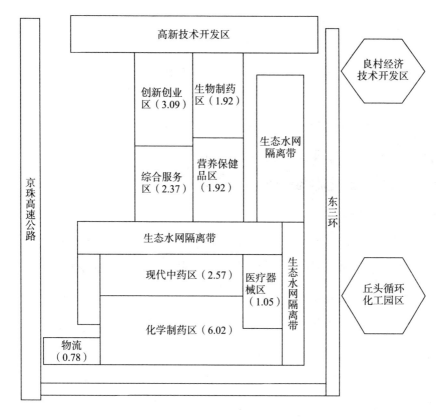

**图 12-1　河北（石家庄）高端医药产业园区开发布局**

注：图中数值为面积大小（单位：平方公里）。

资料资源：《河北（石家庄）高端医药产业园建设总体规划》。

随着河北（石家庄）高端医药产业园区项目落户石家庄，河北省生物医

---

[①]　范玉蕾、房晓丹：《高端医药产业园将在高新区崛起》，载《石家庄日报》2010 年 6 月 17 日，第 3 版。

药产业势必围绕该产业园区打造全国最具影响力的高端医药产业园区。按照《河北（石家庄）高端医药产业园建设总体规划》，高端医药工业园将成为该产业园的建设目标。所以，河北（石家庄）高端医药产业园区本着"高标准、严把关"的原则，在吸收以往招商引资经验的基础上，主动寻求发展策略转变，瞄准高端企业，精准招商，宁缺毋滥。一方面，积极联系拥有世界先进技术的跨国公司，鼓励企业与科研院所合作，积极推动辉瑞、强生、默克等一大批生物制药巨头落户区内，实现国际生物医药项目资金的层级转移；另一方面，河北省不断出台优惠政策，吸引国外资金和技术，吸纳世界上最先进、最前端的研发项目；此外，为了满足高端医药产业的发展需求，园区还对与生物医药相关的配套企业、上下游企业进行招商，并利用石药、华药、四药等省内大型生物医药企业的现有企业链，带动一批有市场竞争力的上下游企业进驻园区。

河北（石家庄）高端医药产业园区现今所表现出来的许多矛盾都指向了法律，如生物医药的专门性规定或是滞后，或是空缺；产业园区的法律制度、管理模式可操作性差，关于生物医药产业园区发展的法律更是欠缺。因此河北（石家庄）高端医药产业园的发展迫切需要法律的保障，从而加快生物医药产业和产业园区发展的速度。因此，笔者对河北（石家庄）高端医药产业园区条例进行了立法构想，以求推动我国生物医药产业和工业园区的法治建设。

## 二　河北（石家庄）高端医药产业园区现行法律及立法的必要性

### （一）河北（石家庄）高端医药产业园区现行法律

我国现行法律体系中对医药产业的保护可以说是少之又少，而且主要集中在对医药产品或与医药有关的专利、商标等知识产权的保护。我国现行法律体系对医药的法律保护主要的依据是《宪法》第 21 条 "发展现代医药和我国传统医药" 的规定。以此条基础性规定为前提，我国颁布了多部法律法规，如《专利法》《商标法》《著作权法》《执业医师法》《药品管理法》《中药品种条例》《医疗机构管理条例》《药品管理法实施条例》《医疗事故处理条例》《中医药条例》等；同时，我国还在多部法律法规中规定了少量保护医药产品的条款；此外保护医药产品的法律法规还包括国家卫生健康委员会和国家中医药管理局发布的有关部门规章。我们很容易发现，以上列举出的众多法律法规中，只有《专利法》《商标法》《药品管理法》《药品管理法实施条例》中有关涉医药产业法律保护的内容，并且不是很多。而且其中一些法律法规的规定还很不完善，带有滞后性，许多规定已经很难起到保护医药产业的作用。由此看来，我国专门用以保护医药产业发展以及保障区域性立法的相关法律法规并不多，至少全国性的法律中没有专门针对医药产业和区域立法而设定的专门性法律。① 笔者并不认为我国现在呈现的社会问题都应当以制定法律的方式进行解决，而且这种方式也解决不了所有的问题。但是通过考察近几年世界各国医药产业的发展模式，我们可以很容易地发现，那些医药产业发达或者发展势头迅猛的国家往往拥有完备的医药产业规范。即使缺乏成文的法律法规，在医药产业高度发达的地区至少也会有专门的地方性法规指导医药行业的发展。

　　我国现行法律体系中尚没有适用于全国的专门的医药产业法律法规，虽然医药产业发达地区的地方人大或政府均出台了支持医药产业发展的优惠政策，但是，政策始终不能具备法的效力，在我国加入 WTO 之后，国外先进技术和大量外国资本是否选择进入我国，首先就是看我国法律对医药产业的

---

① 崔英楠、王辉：《论京津冀协同立法的实现路径》，载《辽宁大学学报》（哲学社会科学版）2018 年第 4 期。

规定如何，优惠的政策并不能使习惯了将法律放在口袋里的外国人吃下"定心丸"。所以，我国医药产业的发展离不开专门性法律的支撑，法律在此已不仅仅是促进我国医药产业发展的保障，更成为我国医药产业同国际接轨的一块铺路石。

### 1. 河北省现有的工业园区法律制度

我国工业园区的建设早已起步，涉及工业园区的法律体系也初具规模，主要集中在对两类工业园区的规定，即关涉生态工业园区的法律规定和关涉高科技产业园区的法律规定。前者包括 2003 年国家环境保护总局印发的《国家生态工业示范园区申报、命名和管理规定 ( 试行 )》《生态工业园区规划指南》等文件，其中《国家生态工业示范园区申报、命名和管理规定 ( 试行 )》分为总则、申报、规划编制和论证、审查和命名、监督管理和组织实施六章，详细规定了生态工业园区的定义、类型、申报、命名、园区管理等，起到了指导生态工业园的建设的作用，实现了生态工业园区管理的规范化、科学化。2006 年 8 月国家环保总局又发布了三项生态工业园区标准，即《综合类生态工业园区标准（试行）》、《行业类生态工业园区标准（试行）》和《静脉产业类生态工业园区标准（试行）》，作为我国生态工业园区建设、管理的补充。

后者的代表是北京市于 2001 年 1 月 1 日起施行的《中关村科技园区条例》。它作为中关村科技园区的基本法，也是我国第一部关于高科技产业园区发展的条例。《中关村科技园区条例》是一部集区域性、产业性于一身的综合性法律规范，内容包括总则、市场主体和竞争秩序、促进和保障、国际经济技术合作、政府行为规范、管理体制、法律责任、附则八章，涉及内容包括风险投资、人才引进、知识产权保护、管理体制创新等超前性法律规定。《中关村科技园区条例》最可贵之处在于它的创新性，"中关村园区条例所以能够为中关村法治环境奠定富有创新性精神的基础，所以能够为中关村规制富有创新性的法治新秩序，很重要的一个原因，就在于它是在许多新的先进的立法理念的熏陶之下产生的。阅读中关村条例，我们可以感受到，它所蕴含的新的先进的立法理念，突出地表现在条例的制定者和他们所制定的条例，在一系列环节上，突破旧有的立法观念和立法实践的藩篱，而按照新的先进的立法理念设置中关村的法律制度、法律秩序。这些新的先进的立法理念，是中关村条例创新性精神品格的理论基础和观念渊源"。①《中关村科技园区条例》的各项规定，顺应了 21 世纪初高科技产业迅猛发展的需要，促进了中关村科技园区的成长壮大。虽然它只是一部地方性法规，但是它所展现出的时代特征对全国其他高科技产业园区都具有巨大的指导作用。在《中关村科技园区条例》颁布以后，各地方人大开始制定本地的高新技术产业园条例。深圳依托自身雄厚的经济实力和国家众多的优惠政策，以《中关村科技园区条例》为蓝本于 2001 年 5 月率先出台了《深圳经济特区高新技术产业园区条例》，该条例充分吸收了《中关村科技园区条例》的创新性特点，在不违反上位法规定的情况下，拓展思路，大胆创新，以创新立法促进了区域社会、经济的发展。自此，各地的高新技术产园区条例如雨后春笋般出现，如《厦门经济特区高新技术产业园区条例》（2002 年 6 月 1 日实施）、《河北省高新技术产业开发区条例》（2002 年 6 月 1 日实施）、《南昌高新技术产业开发区条例》（2002 年 11 月 1 日实施）、《济南高新技术产业开发区条例》（2003 年 3 月 1 日实施）等。

## 2. 河北省生物医药园区立法的政策环境

河北（石家庄）高端医药产业园区的发展获得了众多的政策优惠，这些优惠政策对医药产业园区的发展具有重要的促进作用，这些优惠政策具体包括：

---

① 周旺生：《论中关村立法的创新性品格》，载《中国法学》2001 年第 4 期。

"对园内符合省重点项目或重点产业支撑项目条件的重大项目，优先列入省重点建设或重点产业支撑项目计划；

"在已确定的石家庄市建设用地总量范围内，医药产业园建设用地优先纳入土地利用总体规划，产业园内列入省重点建设项目的，可申请使用省预留的年度建设用地指标；

"鼓励和支持医药产业园积极争取和享受国家的有关税费优惠政策；在省各发展类专项资金安排上，根据项目情况给予适度倾斜；

"按照省级财政预算拨付给省科技厅的科技经费支出科目和开支范围，对医药产业园项目在同等条件下优先立项支持；

"支持帮助医药产业园符合条件项目积极对口申报国家专项资金，争取国家立项；

"引导鼓励高端医药创新资源和新上项目向医药产业园聚集；

"支持在医药产业园建设由省药品检验所、省医疗器械与药品包装材料所、省药品不良反应监测中心、省医药器械不良事件监测中心、省药物滥用监测中心等组成的检测平台，为园区医药生产企业提供技术支持和信息服务。"①

上述针对河北省医药产业和医药产业园区发展出台的政策有效地解决了园区发展过程中缺乏有效的、专门的、全面性法规所带来的弊端问题，但这毕竟不是长久之计，高端医药产业园区的长远发展和开放式发展要求必须制定能够有效指导园区发展和产业发展的专门性地方法规。

虽然制定法同政策的实质都是广大人民群众利益和意志的体现，对工业园区的发展具有一定的指导作用，但政策自身的缺陷决定了它不能完全取代法律来指导产业园区发展。首先，政策是执政党执政理念的具体反映，是

---

① 范玉蕾、房晓丹：《高端医药产业园将在高新区崛起》，载《石家庄日报》2010 年 6 月 17 日。

执政党对近期政治事务的临时对策，缺乏长期的稳定性。随着经济形势的发展和政治环境的变化，新的政策便会取代旧的政策，这种政策间的取代不会受到法律的约束和限制。其次，政策的多边性受到多种因素的影响，除客观条件外，主观要件的变化同样会对政策的制定产生重要的影响，如在基本国策不变的情况下，决策机关指导思想的变化就会导致原有政策优惠方向的改变。再次，因为政策的主观因素比重过大，政策体系层级越多，底层政策同高层政策的规定误差越大，政策规范的不严谨性就会导致政策解释、执行的不统一性。

此外，河北（石家庄）高端医药产业园区的建设目标之一是成为国际知名的高端制剂和特色原料药生产基地，这就不免同国外的医药企业建立贸易关系。由于政策在国外并不被视为类似于法律的、具有国家强制力的规范性法律文件，重视法律威信力的外国医药企业对我国地方政策的稳定性必然会心存怀疑。当外国医药企业不能在政策与"不可抗力"之间画等号时，政策的不稳定性对河北省医药产业的发展将造成阻碍。因此，将给予高端医药产业园区的地方优惠政策上升为地方性法规是当前河北省经济发展的必然要求。

## （二）河北省高端医药产业园立法的必要性

### 1. 著名高科技园区的成功经验呼唤明确的行为规范

现代经济的发展必须以市场为基础，这是一个不争的事实。世界上众多成功的高科技产业园区的发展，也莫不是尊重了这一条经济规律才取得今天的成就。笔者发现，由于高科技产业园区的起步处在经济全球化的浪潮中，市场的开放性成为每一个产业园区研究自身发展的重要因素，各产业园区都从制度上对本园的开放性作出了规定，这尤其体现在园区法规方面。"当今世界那些获得成功的科技园区之所以获得成功，一个殊为重要的经验，在于它们都注重制度建置，具有与园区的生存、发展和运行需要相适应的良好的法治环境。"① 在制定工业园区法规方面有两种代表性模式，一种是以英美法系的判例法为支撑的美国"硅谷"模式，另一种则是我国台湾地区的"新竹"模式。前者的成功在很大程度上是自发形成的。众所周知，"硅谷"高新科技园区是市场经济综合作用下的结果，而运行于其中的法律制度确是"硅谷"依据传统的判例法和当地的经济习惯自然成长起来的，虽然政府也在其发展过程中制定了多部法律法规，但我国研究园区法制的学者们多把"硅谷"模式认定为内发型发展模式，如北京大学周旺生教授就认为"（'硅谷'模式是）以自然生长为主并综合其他形式而形成的制度环境"。"硅谷"的这种制度环境完全是顺应全球化经济的发展要求而产生的，全球化经济的发展需要开放的市场来将商品转化为资本，制度环境就必须满足经济基础的需要，上层建筑与经济基础脱离的结果只能是经济发展的失败。所以，河北高端医药产业园区在建设自身的园区制度环境时必须抓住经济基础这个矛盾点，在不违反宪法的前提下，可以超前性地改革传统的工业园区法律规范的设置，顺应时代的发展。

我国台湾地区的"新竹"模式则是典型的外发型园区法治建设模式。在20世纪70年代，我国台湾地区顺应当时世界经济环境的发展趋势，确定在新竹建立高新技术园区。本着"园区规划，法制先行"的原则，我国台湾地区在1979年7月27日颁布了"科学工业园区设置管理条例"，后于1981年6月19日颁布了"科学工业园区设置管理条例施行细则"作为"科学工业园区设置管理条例"的补充规定，后又建立起一系列配套法规，使得新竹工业园区在法治环境上走在了世界前列，同时又因为法治环境对工业园区的指导作用，极大地促进了新竹高新技术园区的快速发展，使其成为世界著名的高

① 周旺生：《论中关村立法的创新性品格》，载《中国法学》2001年第4期。

科技工业园区之一。"新竹"园区法治模式比较系统、全面地规定了工业园区的各项内容，能够对工业园区的法治建设产生较大的影响。此外，地方惯例等自发的民间软约束也会对园区制度环境产生一定的积极影响，工业园区法治的建设只有在充分吸收本土法治资源的情况下，才会真正形成适合自身发展的工业园区法治环境。

河北省（石家庄）高端医药产业园区条例作为一个集区域性、产业性于一身的综合性法律规范，在选择自己的法治模式时要注意与我国国情、河北省地情、河北省医药产业的具体情况相适应，不能照搬照抄其他高科技园区的模式。我国的社会主义法律体系是以成文法为主要表现形式的，政策、习惯等只能作为法律的辅助性规范加以运用，判例除了最高人民法院公布的少数案例以外在我国尚未产生大的影响。所以，像美国"硅谷"那样的过多依靠判例法传统和风俗习惯生成的法治模式不适合河北（石家庄）高端医药产业园区。我国台湾地区的"新竹"高科技产业园区的法治模式无论从法系还是从法治传统方面对河北（石家庄）高端医药产业园区法治环境建设都极具借鉴意义，但是河北省在立法时对"新竹"模式的借鉴和地方法治资源的运用需把握准确。

**2. 法律的保障和促进作用决定了园区立法的必然性**

现代社会是法治社会，法律深入社会的方方面面，尤其是经济生活中。任何经济制度的存在和运行都无法摆脱法律而独立实现。法治作为经济体制运行的重要组成部分，是现代市场经济与其他经济体制的重要区别，也是现代市场经济成功的重要因素。而且"秩序是法的直接追求，其他价值是以秩序价值为基础的法的企望；没有秩序价值的存在，就没有法的其他价值"。[1] 这就决定了产业园区立法的必然性。所以，世界各国在发展

---

① 卓泽渊:《法的价值论》，法律出版社，1999，第32页。

高科技工业园区时都非常注重法治环境的建设。尽管各国或者各地方工业园区的发展模式不一，但众多成功园区都有其独特的、适合其自身发展的法治环境。法治环境建设积极适应园区的发展要求，对园区的发展起到了促进作用。例如，北京市中关村科技园区的快速发展在很大程度上就得益于《中关村科技园区条例》的保障。2001 年 1 月 1 日起实施的《中关村科技园区条例》共 80 条，分别对市场主体和竞争秩序风险投资、资金支持、人才引进、知识产权保护、规划和环境建设、国际经济技术合作、政府行为规范、管理体制和法律责任等方面作出了明确规定。其中多项条款在不触动上位法的情况下作出了突破性规定，如第 7 条第 3 款规定"组织和个人在中关村科技园区可以从事法律、法规和规章没有明文禁止的活动，但损害社会公共利益、扰乱社会经济秩序、违反社会公德的行为除外"，明确提出了"法无明文规定不为过"的原则；第 11 条关于"以高新技术成果作价出资占企业注册资本的比例，可以由出资各方协商约定"的规定，无疑"意味着确定了这些方方面面的市场主体，可以通过'约定'亦即合同的形式，实现自己的权利和履行自己的义务，这就无异于确定了这些市场主体的执法主体的地位，从制度上使市场主体成为主要的执法主体"。[①] 这些创新性对我国当时的法律规定具有一定程度的冲击，却集中反映了世界经济的大趋势，顺应了时代发展的要求，并且具有指导性立法的作用。因此，《中关村科技园区条例》在极大地促进了中关村经济、社会发展的同时，又被各地方高新技术开发区争相模仿，从而加快了我国园区法治建设的速度，从总体上实现了经济、社会的发展。所以笔者认为，为河北（石家庄）高端医药产业园区建立配套的区域性、产业性地方法规是园区快速发展、壮大的前提和保障。

---

① 周旺生：《论中关村立法的创新性品格》，载《中国法学》2001 年第 4 期。

此外，规范医药产业园区的法治环境，很重要的一项作用是规范政府行为、确定政府责任。哈耶克认为"法治的意思就是指政府在一切行动中都受到事前规定并宣布的规则的约束"。① 我国政府手中的权力过大，远远超越了"守夜人"的权力界限，而且权力只有在遇到阻碍的时候才会停止扩张，所以，河北省高端医药产业园立法工作中的一个重点就是规定政府在园区发展中的地位和作用。《中关村科技园区条例》对政府的权力作出了有效的限制，而且政府权限同市场主体的权限划分得当，不仅没有影响地方政府的行政工作，还有效减轻了政府的工作负担，大大提升了政府的运作效率，真正实现了"小政府，大社会"的目标，也加速了中关村经济的发展。所以，对河北高端医药产业园区的长远发展来说，制定规范性法律文件是园区发展的当务之急。

### （三）医药产业园区自身特点需要法律的特殊调整

生物医药产业是继信息产业之后又一高科技产业，该类产业的特点是技术含量高、资金投入大、研究周期长、投资风险大。河北省的生物医药企业往往是在传统医药企业的基础上加以改革产生的，如华北制药厂和石家庄制药厂等。这类企业从事生物医药产业的研究和生产的时间比较短，国家和河北省对此类产业的扶持主要集中在政策支持和国家拨款上，真正能够对生物医药产业产生高效影响的措施不是很多。我国医药产业又普遍面临研发资金不足、高技术人员匮乏的窘境，国家和河北省单纯运用政策扶持和国家拨款的方式无法完全解决省内生物医药行业的问题。"国内对生物制药的投资以自有资金和银行贷款为主，风险投资和从证券市场进行的直接融资数量较少，初创期的生物制药企业很难得到风险资金的支持，直接上市融资又受到

---

① 〔英〕哈耶克:《通往奴役之路》，王明毅等译，中国社会科学出版社，1997，第73页。

规模等诸多限制，影响了生物医药产业的发展。"① 所以，解决医药行业的众多问题应当率先解决生物医药产业的资金投入问题和风险承担问题，以利益为导向，充分发挥市场经济逐利性的特点，放活资本融资市场，给予生物医药产业充足的发展资本。

除此之外，园区建设还要解决的是技术和人才问题。我国医药产业研发资金不足，导致高端人才资源缺乏，进而生产和科研技术都受到了不良影响。加之许多生产厂商观念落后，不重视研究开发，或本身缺乏自主研发能力，导致我国医药科研成果不能有效地进行产业化生产，既浪费了科研成果，又浪费了科研资金。在河北（石家庄）高端医药产业园区引进国外先进科研成果和生产技术时，知识产权问题随之而来。虽然我国《专利法》《商标法》对知识产权的保护比较全面，但在产业园区内为了吸引国外生产技术注入，可以适度放宽知识产权的规定，如《中关村科技园区条例》规定的"以高新技术成果作价出资占企业注册资本的比例，可以由出资各方协商约定"就可以为立法机关在立法时所借鉴。

上述加快河北省生物医药产业发展的建议在现行法律制度下很难实现，因为现行法律并不能满足这些特殊的法律需求，现有的园区政策又因为缺乏稳定性和难以在诉讼中使用，难以对外来投资者产生类似于法律的保障。以上措施虽然难以广泛实现，但是如果将其集中在某一区域，并且给予充分的法律保障，这些建议变为现实并非天方夜谭。针对生物医药产业技术含量高、资金投入大、研究周期长、投资风险大的特点，在河北（石家庄）高端医药产业园区立法中加以专门性、综合性的规定，似乎更符合现代医药产业发展的趋势。

---

① 桂子凡、王义强：《我国生物医药产业发展的现状、问题及对策研究》，载《特区经济》2006 年第 6 期。

# 三　河北（石家庄）高端医药产业园区的立法主体及立法理念

要讨论河北（石家庄）高端医药产业园区的立法理念问题，不可避免地要对河北（石家庄）高端医药产业园区的立法主体加以确定，因为只有在确定了一部地方性法规由何种等级的立法主体来制定的情况下，立法理念的外延才能更准确地界定。河北（石家庄）高端医药产业园区坐落在河北省会城市——石家庄，因此在产业园区立法上就产生了是制定地方性法规还是制定政府规章，是由河北省人大来制定还是由石家庄市人大来制定地方性法规，以及是由河北省政府来制定还是由石家庄市政府来制定政府规章等一系列的问题。笔者认为首先应当确定是制定地方性法规还是制定政府规章，解决好了这一问题，也就确定了立法主体。

## （一）河北（石家庄）高端医药产业园区的立法主体

### 1. 产业园区立法的地方性特征及其原因

我国是一个单一制国家，拥有统一的法律体系，在立法上分为中央立法和地方立法。其中，在地方立法中形成的规范性法律文件统称为地方性法规。它是指由地方立法机关制定或认可的，在某一特定区域内具有法律效力的规范性法律文件。在我国现行的法律体系中，地方性法规还细分为一般地方性法规和特殊地方性法规。一般地方性法规是指省、自治区、直辖市和设区的市的人民代表大会及其常务委员会根据本行政区域的具体情况和实际需要，在不同宪法、法律、行政法规相抵触的前提下所制定或认可的规范性法律文件。① 而政府规章又分为部门规章和地方政府规章。其中，地方政府规

---

① 此定义参见《立法法》第72条。

章是指省、自治区、直辖市和设区的市、自治州的人民政府根据法律、行政法规和本省、自治区、直辖市的地方性法规制定的规范性法律文件。① 其效力等级低于地方性法规。

由地方性法规和地方政府规章的定义可知，地方人大的立法是以本行政区域内的具体情况和实际需要为根据的，而地方政府制定政府规章却是以法律、行政法规和本行政区域内实行的地方性法规为依据。河北（石家庄）高端医药产业园区立法是由河北省高新技术园区的具体情况和医药产业实际发展需要所决定的，河北省对科技园区建设的地方性法规是 2002 年 6 月 1 日实施的《河北高新技术开发区条例》，而专门针对医药产业园区建设的法律、行政法规、地方性法规尚未出台。由此可知，河北（石家庄）高端医药产业园区只能通过地方性法规来给予自身法律保障。

此外，《立法法》还就地方性法规和地方政府规章可规定的事项作出了明确规定。地方性法规可就以下事项作出规定："（一）为执行法律、行政法规的规定，需要根据本行政区域的实际情况作具体规定的事项；（二）属于地方性事务需要制定地方性法规的事项。除本法第八条规定的事项外，其他事项国家尚未制定法律或者行政法规的，省、自治区、直辖市和较大的市根据本地方的具体情况和实际需要，可以先制定地方性法规。在国家制定的法律或者行政法规生效后，地方性法规同法律或者行政法规相抵触的规定无效，制定机关应当及时予以修改或者废止。"② 而地方政府规章的规定事项包括"（一）为执行法律、行政法规、地方性法规的规定需要制定规章的事项；（二）属于本行政区域的具体行政管理事项"。③ 地方人大可以根据本行政区域内的具体情况，在不违反上位法的基础上，灵活变通上

---

① 此定义参见《立法法》第 82 条。
② 参见《立法法》第 73 条。
③ 参见《立法法》第 82 条。

位法的有关规定，或对上位法尚未作出规定的事项，优先制定地方性法规。这恰恰符合河北（石家庄）高端医药产业园区超前立法的要求。而地方政府规章的内容更倾向于行政管理，主要是对行政机关的职责作出的规定，对要求实现"小政府，大社会"目标的医药产业园来说恰是南辕北辙。因此，指导高端医药产业园发展的规范性法律文件不适合以地方政府规章的形式制定。

### 2. 高端医药产业园区的立法主体

由于河北（石家庄）高端医药产业园区是一个集区域性、产业性于一体的高新技术经济区，不是类似于经济特区的行政区域，它的最高管理机构是设立在石家庄市政府的河北省（石家庄）高端医药产业园建设领导小组，因此，它不能作为产业园区条例的立法主体，只能保证法律、法规和政策在园区内得以顺利实施。根据《中华人民共和国宪法》、《中华人民共和国立法法》和《中华人民共和国地方各级人民代表大会和地方各级人民政府组织法》的相关规定，地方人大具备制定地方性法规的立法权限，如《立法法》第72条规定："省、自治区、直辖市的人民代表大会及其常务委员会根据本行政区域的具体情况和实际需要，在不同宪法、法律、行政法规相抵触的前提下，可以制定地方性法规。设区的市的人民代表大会及其常务委员会根据本市的具体情况和实际需要，在不同宪法、法律、行政法规和本省、自治区的地方性法规相抵触的前提下，可以……制定地方性法规"。① 《中华人民共和国地方各级人民代表大会和地方各级人民政府组织法》也作出了类似规定，只是没有对地方人大常务委员会的职权作出规定，笔者认为《立法法》的规定更可取。因此，河北省人大及其常委会和石家庄市人大及其常委会都可以作为河北（石家庄）高端医药产业园区立法的主体。但是，考虑到石家庄市人大

---

① 参见《立法法》第72条。

及其常委会与河北省人大及其常委会相比在立法的经常性、及时性、直接性等方面都占有优势，而且河北省（石家庄）高端医药产业园设在石家庄市高新技术开发区，石家庄市人大及其常委会更了解情况，也更容易同相关政府部门、医药企业沟通、交流。所以，石家庄市人大及其常委会更适合成为河北（石家庄）高端医药产业园区立法的主体。

这不免又产生一个问题，河北（石家庄）高端医药产业园区的立法主体到底是石家庄市人大呢还是市人大常委会呢？《立法法》中虽然规定了设区的市的人民代表大会及其常务委员会有地方性法规的立法权，但没有对设区的市人大常委会的具体职责作出规定。而《中华人民共和国地方各级人民代表大会和地方各级人民政府组织法》明确规定了设区的市的人大的职责，该法第8条第3款规定"（县级以上的地方各级人民代表大会行使以下职权）讨论、决定本行政区域内的政治、经济、教育、科学、文化、卫生、环境和资源保护、民政、民族等工作的重大事项"。由此可知，石家庄市人大对医药产业园区可以作出比较全面的规定，既可以规定对行政机关的监督事项，也可以规定行政机关同园区企业的关系；既可以针对园区的环境建设作出规定，又可以针对"产、学、研"问题做出专门规定，这与产业园区区域性、产业性、综合性地方法规的立法预想不谋而合。因此，石家庄市人大是制定河北高端医药产业园区条例的不二之选。这就决定了产业园区的规范性法律文件应当以条例的形式制定出来。

### （二）河北（石家庄）高端医药产业园区的创新性立法目的

自1978年改革开放以来，我国逐步向市场经济转变，21世纪我国加入WTO以后，对外开放的力度、速度、深度更是20世纪90年代无可比拟的，尤其是国家颁布了一系列有利于市场经济发展的法律法规、政策，更加快了我国经济的发展，缩小了我国同世界发达国家的经济差距。但即便如此，我国的市场经济依然存在众多缺陷。以河北省医药产业为例，虽然河北省政府、石家庄市政府在促进医药产业发展方面提供了众多政策支持，但石家庄高新技术开发区的医药企业在培养和吸引高端人才方面仍有待加强。此外，企业创新能力不足，科研成果转化率低，"产、学、研"缺乏链接平台，研发资金不到位，风险投资体系尚未成熟等都是影响河北医药产业发展的重要因素。那为什么在国家法律、政策大力支持的情况下仍然会存在诸多弊端呢？笔者通过研究中关村的经验发现，1988年北京市政府发布的《北京市新技术产业开发试验区暂行条例》对中关村科技园区的前身——北京市新技术产业开发实验区的发展起到了促进作用。在21世纪初其被《中关村科技园区条例》所取代，只是因为《中关村科技园区条例》更能符合市场经济发展的大趋势，更能够指导中关村科技园区的发展，最主要的还是《中关村科技园区条例》中有一系列的创新性规定，如"法无明文不为过"原则，一举突破了我国传统法律中法无明文规定不能做的保守思想，在不违反法律的禁止性规定的前提下，为科技园区的市场主体提供了更为广阔的发展空间。所以，石家庄市人大在对河北（石家庄）高端医药产业园区进行立法时也应当转变思路，立足于石家庄的实际情况，做到创新性立法。

石家庄市人大享有地方性法规的立法权，所以，石家庄市人大在对河北（石家庄）高端医药产业园区进行立法时应当充分运用自身的立法权限，在不与上位法相抵触的前提下制定一部创新型的地方性法规。首先，石家庄市人大可以根据高端医药产业园实际情况，简化对外资企业或合资企业的审批程序；放宽医药产业园区资本注入要求；利用政府威信力建立风险投资体系，鼓励民间资本的注入等。其次，政府对医药产业的行政管理过于僵化，宁可牺牲经济效益，也不允许企业大胆创新。所以，市人大在立法过程中应当转变观念，加强对政府职权的限制，明确政府的责任，真正实现政府由管理型政府向监督型政府的转变。最后，依据《中华人民共和国立法法》第73

条的规定，在国家制定法律或行政法规之前，石家庄市人大有权根据实际情况，率先制定有利于经济、社会发展的地方性法规。但需要注意的是，无论创新性立法还是超前立法，都应当确定国家短时期内不会有此立法规划，否则只能是浪费立法资源。

改革开放以来，我国的经济建设迅猛发展，在提高国家经济实力的同时，由于我国经济跳跃式的快速发展，市场经济本身蕴含的缺陷和弊端开始展现出来。国家利用宏观调控，特别是利用法律手段有效降低了市场盲目性所带来的损害，利用专门性法律来规范河北（石家庄）高端医药产业园区的经营者和管理者的行为，能够有效地促进产业园区的发展。

首先，明确高端医药产业园区的行为准则。河北（石家庄）高端医药产业园区条例作为一部地方性法规，在规范产业园区的经营行为和管理行为方面必然产生一般法律所具有的作用。法的作用是指"法对人的行为和社会关系所产生的影响"，"按照法作用于人的行为和社会关系的形式和内容的不同，分为法的规范作用和社会作用……法通过其规范作用（作为手段）而实现其社会作用"。[①] 所以，园区建设应当充分发挥法的作用，通过法律形式向产业园区的市场主体传达经济行为的合法界限，尤其是在园区条例确立"法无明文不为过"原则为园区行为指导规范的情况下，园区市场主体只要不触犯国家法律，不逾越园区条例的相关规定，就可以充分发挥自己的创新能力，提升自己的市场地位。法的作用还表现在它是通过规定行为主体的权利义务以及由此产生的法律责任来调整人的行为的。园区条例通过明确限定行为主体的义务，要求行为主体作出或者不作出某一行为，从而确保园区的正常秩序。园区条例还可以包括授予行为主体权利的规定，鼓励行为主体从事法律未加禁止的行为。法的作用不仅明确了行为合法与否的界限，还可以判断人

---

① 张文显：《法理学》，高等教育出版社、北京大学出版社，2007，第83页。

们的行为是否符合道德的要求，法通过人们的内心评价，影响人们意志的外在表现方式。因此，园区条例对园区内人员的职业道德和价值观念都会产生积极的影响。园区条例可以使市场主体明晰自己的行为可能招致的后果，以及因此所需承担的法律责任，从而减少行为的盲目性，提高行为的实际效率。在医药产业园区最多的就是经济行为，只有明确了何种经济行为符合法律规定、何种经济行为会受到法律制裁才能更有效地避免经济活动中不公正现象的出现，才能确保园区处在正常的市场环境之下。

市场经济是以利益为驱动力的，因此，利益才是各种市场主体的"上帝"，市场主体违反法律规定的行为，在很大程度上与利益直接有关，因此，处理好市场主体与经济利益的关系，对减少产业园区经济犯罪、维护产业园区秩序有着巨大的影响。园区条例的制定主体可以沿用宪法对私有财产的保护规定，对合法取得的经济利益加以保护，鼓励人们在法律规定的范围内尽其所能地获取利益，严加禁止人们谋取不正当经济利益。这样就能在一定程度上规范人们的行为，减少产业园区的经济犯罪数量，从而营造和谐、有序的园区环境。

其次，支持高端医药产业园区的开发建设。河北高端医药产业园区实际上是一个区域性的、集合河北医药产业优势的、通过园区企业结构升级或联合国外资本和技术形成的产业网。在我国市场经济摸索前进时，单纯依靠企业之间的协调，允许市场经济自由发挥其调节作用的方式发展产业园区是很难实现预期目标的。而且生物医药产业作为信息产业后又一类高科技产业，在园区发展中势必会产生众多的矛盾，如果这些矛盾不能及时解决，产业园区的发展难免会受到影响。因此，产业园区建设急需国家的宏观调控，而最好、最直接的调控手段便是法律手段。高端医药产业园区法律和配套制度的完善有利于确定产业园区发展的方向，明确园区的目标和任务；创新型的立法理念有利于带动园区企业的创新热情，形成创新氛围；行政职权的清晰界定有效地区分了园区领导小组和各级政府的职权和责任归属，既规范了政府行为，又提高了政府部门的工作效率；通过确定企业的自主经营权，限制政府对市场竞争和市场管理的过度干预，充分发挥企业的市场主体作用，实现"小政府，大社会"的立法目标。当然，限制政府权力是对于现在我国政府的权力过大来说的，而并非否定政府在调控市场盲目性上所具有的优势。笔者认为，政府在现代经济发展中仅处于"守夜人"的地位显然是不行的，在经济全球化蓬勃发展的趋势下，我国政府应该努力转变思路，积极地由管理型政府向服务型政府转变。我们并不排除政府的行政、经济手段对经济发展所具有的积极意义，但法律手段更应当成为我国政府宏观调控的主要手段，毕竟规范性法律文件的反复适用性和规定的全面性在规范产业园区的经济、民事、知识产权、政府管理等方面的行为上具有无可比拟的优越性，进而为高新区的建设与发展提供有力的支持与保障。

河北（石家庄）高端医药产业园区作为一个知识密集型的产业园区，对知识产权法律保护的要求是很高的。医药产业园区研发资金高投入、高风险的特点决定了园区必须具有相配套的知识产权法规，否则产品研发者可能因担心无法收回高额投资而延迟对新产品的研发。而且生物医药或生物制品在生产出来后极易被模仿、复制，且制作成本非常低，侵犯知识产权的现象屡见不鲜。因此，园区条例中关于知识产权的规定，应当旨在营造良好的营商环境、创新空间，通过知识产权保护、市场激励机制以及成果转化便利等方式，支持园区开发建设。

再次，保障高端医药产业园区的协调可持续发展。可持续发展是指在满足当代人的需求和发展的情况下，不危害后代人的需求和发展。它强调人类、自然、社会三者统一、协调、可持续。可持续发展具体包括经济的可持续、生态的可持续、社会的可持续，其中，经济的可持续是指在经济增长方式上，既要推动经济发展，又不能过分地破坏环境，既要重视经济增长的数量，还要重视经济增长的质量。

医药产业对环境造成的破坏是很严重的，医药企业在生产过程中不可避免会产生大量的工业垃圾，石家庄作为传统的医药产业基地，环境污染问题一直是行政部门和企业面临的重要挑战。但是"因噎废食"之法绝不足取，我们不能因为医药产业对环境的污染而放弃这项关系国计民生的重要产业的发展。面对园区环境这一公共问题，虽然环保类法律法规中都规定了"环境污染税"，但是只要因环境污染所缴纳的费用小于企业以污染环境为代价所得到的利益，环境污染问题就得不到真正解决。制定河北（石家庄）高端医药产业园区条例的目的就是借助法律的规范作用，实现园区经济、环境、人文的协调、可持续发展，解决石家庄市医药产业的污染问题，扔掉"脏、乱、差"的帽子，重塑石家庄"药都"新形象。园区条例通过在条文中规定可持续发展的内涵来抑制破坏市场正常秩序的行为，清除园区内的不和谐因素，防止园区内的无序竞争和重复建设情况的发生，以此将园区的经济资源、园区环境和人员观念纳入可持续发展中。将可持续发展理念以国家强制力的方式渗入企业发展的思路中。只有这样，可持续发展理念才能够成为园区内各企业的共识，才能成为企业员工的一条重要职业规范，可持续发展才能在园区内广泛和长期存在。

尽管园区条例的目标是建立一个"小政府，大社会"的产业园区，但市场在资源配置方面并不是万能的，单纯依靠市场这只"看不见的手"进行自发调节，可能会导致市场失灵等问题的出现。园区条例通过对政府行为加以明确，确定政府在市场的宏观调控中所起的作用，可以降低因市场的盲目性、滞后性所带来的经济波动，从而确保园区经济秩序的稳定；针对园区热点项目争相投资和重复建设问题，政府和企业可以依据园区条例的规定加以协商，进而避免资源浪费，优化产业结构；同时，企业又可以利用园区条例中对政府行为和政府责任的规定，限制政府的不适宜的调控行为，实现市场和宏观调控"两只手"的互动，从而为园区经济的可持续发展奠定坚实的基础。

### （三）河北（石家庄）高端医药产业园区立法的具体立法原则

我国在多年的立法实践中，形成了具有中国特色的社会主义立法原则。对于我国法律的立法原则，官方与学术界的观点不一，而且立法学界众学者之间对于立法原则的界定也不相同。《立法法》中的第4、5、6条分别规定了我国立法的基本原则，即国家法制统一性原则、民主性原则和科学性原则，这是我国的法定立法原则，也被认为是我国立法的基本原则。而与之对应的是理论立法原则，我国学者朱力宇认为，"立法原则是指在一国立法活动中起指导作用的思想和具有基础或本源意义的稳定的法定原则和准则"，它集中体现了一国立法的基本性质、内容和价值取向。[①] 我国各学者对立法原则所包含的内容观点不一，但众多观点可概括为以下几点原则：民主原则、科学原则、法制统一原则、实事求是原则等。由此看来，无论是法定立法原则还是理论立法原则，都具有众多共通之处，都对我国的立法实践具有指导作用。立法的基本原则作为我国立法实践的总体要求，在地方立法实践中自然需要因地制宜地生成符合地方情况的具体立法原则。汤唯指出，"特色本身就是法律多元化在立法上的表现。首先，把握本地区的特殊立法事项、特殊经济规律；其次，敢于面对现实生活中的新事务，创制他省没有创制过的新规则；再次，增强地方立法的可行性、可操作性"。[②]

具体到河北（石家庄）高端医药产业园区立法的具体原则，上述我国基本立法原则既需要一以贯之，更需要在坚持马克思主义生产关系必须适应生产力发展水平原理的基础上，不断开拓创新，与时俱进，制定适合河北产业

---

① 朱力宇、叶传星主编《立法学》，中国人民大学出版社，2015，第50页。
② 汤唯：《地方立法的民主化和科学化构想》，北京大学出版社，2002，第99~100页。

园区发展的具体立法原则。笔者认为，河北（石家庄）高端医药产业园区面临着巨大的市场挑战，园区知识产权保护和创新驱动力不足的矛盾、经营理念落后和管理体制僵硬的缺点、政府干预经济现象严重与市场调节作用难以发挥的劣势等都成为产业园区发展的桎梏。因此作为小区域范围的地方性法规，其具体指导原则应当在符合我国基本立法原则的基础上，侧重地方具体情况，确定具有时代和地方特征的地方立法原则，具体分述如下。

首先，创新立法同"效率优先"的原则。创新是一个民族发展的灵魂，河北（石家庄）高端医药产业园区立法如果沿用以前的立法路数，已经无法形成优于其他工业园区的法律优势。应打破常规的立法模式，对园区管理体制破而后立，破除阻碍生产力发展的僵化管理模式；鼓励企业间的联合研制、联合生产；建立企业研发人员的创新奖励机制，革新知识产权产出效益的分配机制，推动"产、学、研"的有效结合；改革政府对园区经济的调控方式，"事无巨细，申请报告"的冗繁程序只会阻碍经济的发展，所以政府适度放权才能充分提高企业在市场经济中的灵活度，实现"小政府、大社会"的发展目标。所以，创新型立法应当贯穿产业园区立法的始终，成为产业园区的一条内在理念。

但是我们需要注意到，产业园区立法创新并不是指无限度的创新，"（立法的）基本原则所体现的意志或立法意识，归根结底是由作为立法主体的执政者生活在其中的国情所决定的，尤其是由国情因素中的物质生活条件所决定的"。[1] 所以，河北（石家庄）高端医药产业园区立法应当始终以现有的物质水平为基础，避免盲目超前、盲目创新。实践证明，脱离经济基础的上层建筑是不能够有效地发挥其指导作用的。如果高端产业园区立法只是为了谋求管理体制创新、服务创新、技术创新而片面创新，不仅无法对园区发展

---

[1]　周旺生：《立法学》，法律出版社，2000，第50页。

产生积极的影响，反而会阻碍园区向国家一流产业园区发展目标的实现。河北（石家庄）高端医药产业园区作为市场主体，创新立法必须面对产业园区的现实情况，坚持"效率优先"的指导思想，以经济利益为平衡点，实现企业、产业园区和地方经济、社会的全面发展。

河北（石家庄）高端医药产业园区立法"效率优先"的原则符合企业的逐利性本质，是建设我国特色社会主义事业所遵循的"三个有利于"标准的集中体现，是解放生产力、发展生产力的必然要求。但是"效率优先"并不是说不讲求公平，而是指在产业园区这一特殊区域内允许更加突出效率，卸掉"枷锁"的企业才能够一心一意追求其自身的发展。无时无刻不对企业扣以"兼顾公平"的帽子无疑是抹杀了企业追求利益的本质，这样的产业园区和企业是无法应对市场经济的大潮的，所以突出效率及顺应市场经济的发展要求，是产业园区立法的目标所在。由于园区立法更加重视园区的效益实现，原有的"效率优先、兼顾公平"的机制在解决产业园区公平问题上已是不堪重任，我国之前对待"效率优先、兼顾公平"的看法过于消极，市场主体发展速度过快，不免被扣上"损害公平"的帽子；过分注重公平又丧失了效率，会导致市场主体在市场发展中畏首畏尾，严重影响我国经济、社会的发展。所以对于"兼顾公平"也需要转变思维，"对立法价值的选择，不应仅仅局限在分配的公平，而须转移为释放人的主体性，发展人的创造力，即解放生产力，发展生产力，以提高社会财富的社会效率，唯有如此，才能促使公正从应然走向实然"。① 也就是说，河北（石家庄）高端医药产业园区的"公平"问题应当以更好更快地发展经济的方式来解决。"只有效率优先才能鼓励创新、鼓励先进、鼓励进取，也只有效率优先才能够更快发展高新科技，更快推进科技产业化转化，使可供分配的社会财富更多地增加，进而改

---

① 徐向华：《中国立法关系论》，浙江人民出版社，1999，第162页。

善兼顾公平的条件，使经济效益和社会效益都得到提高。"[①] 因此，河北（石家庄）高端医药产业园区的立法原则要围绕市场经济和市场主体来展开，体现创新和效率，实现经济社会的全面、协调和可持续发展。

其次，强化知识产权保护和人才激励机制的原则。河北（石家庄）高端医药产业园区是高科技含量企业和高端人才的聚集区，对知识产权保护和人才激励机制的要求非常高。但我国现有的知识产权保护制度并不十分完善，在生物医药和生物技术知识产权保护方面可以说更加薄弱，许多医药产业虽然已开始重视对本企业知识产权的保护，但由于我国知识产权保护体系不完善，必要的知识产权保护手段和管理方式并没有在实际中产生作用。另外，具有专属知识产权的科研成果转化率不足和转化后的利益分配失衡，知识产权纠纷频出等现象严重影响了我国高端医药人才的研发动力和科研成果转化率。所以，河北（石家庄）高端医药产业园区内部，以至我国整个医药行业形成良好的知识产权保护环境和和流通秩序，对推动我国生物医药产业科技创新和医药产业园区建设都将起到积极的作用。在知识经济时代，拥有自主知识产权的生物技术和生物医药对提高各国在世界上的地位、保证外交上的独立话语权具有重要的意义。保护知识产权、发展知识经济、完善知识产权保护制度已经成为各国、各民族在参与经济全球化中的重要共识。因此，能够激励高端人才研发，实现知识成果顺利转化、产品广泛引用的知识产权保护制度对一个国家来说是一笔巨大的无形资产。所以，河北（石家庄）高端医药产业园区立法的具体原则应当突出对知识产权的保护。

我国科研成果的转化率较低，与美国、日本等发达国家有较大差距。主要原因是我国的知识产权保护制度不能有效地保护科研成果所带来的现实利益的专有性，挫伤了高科技人才的创新热情，而且我国现行的《专利法》对

---

① 陈俊：《高新科技园区的成长与立法调整原理述论》，载周旺生主编《立法研究》，法律出版社，2003，第261页。

科研成果的鉴定程序繁多，鉴定时间较长，大大降低了科技成果转化为生产力的速度，这样既不利于知识产权保护，又对高科技成果的实效产生了消极影响。所以笔者认为，对待智力劳动成果也应当像对待其他非智力型劳动成果一样，为知识产权引入市场机制，确定利益分配方案，实现科研成果的商品性转化。这就必须确立新型的科技成果奖励机制，如科研人员的评审同科研成果获得专利情况挂钩、科研人员的工资同科技成果转化率相关联等激励手段。

河北（石家庄）高端医药产业园区的知识产权保护制度和人才激励机制应当确立"以人为本"的理念，将拥有高端知识的科研人员视为产业园区最重要的生产要素，并充分发挥科研人员在科技创新和企业发展中的能动性作用，实现智力成果的价值转化，并给予科研人员相应的物质奖励和精神奖励。只有做到这一点，河北（石家庄）高端医药产业园区才能够摆脱知识产权特别是自主知识产权匮乏、人才利用率低的困境。只有强化知识产权保护和人才激励机制的具体原则，才能发挥其宏观指导作用。

再次，服务行政的原则。河北（石家庄）高端医药产业园区是一个既需要政府管理又需要政府适度放权的特殊的产业园区，这就要求政府在产业园区内部回归传统"守夜人"的角色，并结合现代政治学的先进理论，最终将自身定位为服务型政府。服务型政府是指"在公民本位、社会本位理念指导下，整个社会民主秩序的框架下，通过法定程序，按照公民意志组建起来的以为公民服务为宗旨并承担着服务责任的政府"。[①] 我国政府在实际行政中却总是将权力置于身前，并且权力具有不断扩张的特性，这就导致了我国政府部门的权力越来越大，加之现今经济波动比较频繁，政府部门手中握有"宏观调控"的挡箭牌，更可以理直气壮地扩大自己的权力。笔者并不否认

---

① 刘熙瑞：《服务型政府：经济全球化背景下中国政府改革的目标选择》，载《中国行政管理》2002 年第 7 期。

政府在调控经济中所展现出的作用，只是认为政府的调控范围过广，使得市场这只"手"的作用无法发挥。政府调控和市场调节之间的功能失衡所导致的后果同单纯一只"手"发挥作用相同，对经济发展来说都是弊大于利。因此，在产业园区内重新确定政府部门的权力边界成为产业园区发展的必然要求，服务行政自然应当成为河北（石家庄）高端医药产业园区立法的一项重要原则。

河北（石家庄）高端医药产业园区作为拥有众多高科技生物医药企业的产业园区，园区基本设施建设、招商引资、环境保护、长远规划等无不需要政府部门做好服务工作。这就要求政府部门必须对自身的职责进行重新审视，进一步放权，给予产业园区市场主体、民间社团更大的活动空间。我国高新科技园区建设的龙头——中关村科技园区的管理体制就是政府适度放权、园区管理机构灵活行使职责、市场主体和民间社团充分发挥自身功能的典范。北京市政府将部分权力下放至中关村科技园区管理委员会，不仅没有削弱政府对科技园区的管理，而且加强了政府部门对园区经济发展的直接控制力，减少了园区市场主体行政审批的时间和手续，给对于效率要求较高的信息产业带来了巨大的益处。河北（石家庄）高端医药产业园区在这一点上可以借鉴中关村的经验，石家庄市政府可以适度下放自己的权力，由河北（石家庄）高端医药产业园区领导小组和包括园区医药行业协会在内的其他民间社团协同管理产业园区，这样既提高了行政效率，实现行政资源的优化配置，又可利用园区内部民间社团对园区的了解更好地服务园区建设。政府部门直接行使的权力应当既能保证园区经济、社会秩序的有序运转，又不阻碍园区市场主体对经济活动的掌控；既能够有效地调控市场盲目性所带来的经济发展弊端，又能够充分发挥市场这只"看不见的手"的市场调节作用，"寓管理于服务之中"，逐步完成地方政府由"管理型政府"向"服务型政府"的转变。

最后，利用本土法治资源与接轨国际惯例的原则。河北（石家庄）高端医药产业园区的建设、发展面临着国内和国际两方面的压力，因此，产业园区的立法必须考虑到对本土资源的运用和与国际惯例的接轨问题。地方立法之所以要立足本土，充分利用本土法治资源，是由地方立法的特性决定的。我国立法体系分为中央立法和地方立法，中央立法一般来说以概括性规定或全国性法律的形式表现出来，很难对某一地方的实际情况做全面、科学、细致的考虑，如果地方没有依照中央立法的规定，根据本地区的具体情况和实际需要制定出符合本地经济社会发展需求的地方性法规，那么中央立法在地方行政区域内很难有效实行，法律施行的社会效益也必将大打折扣。因此，河北（石家庄）高端医药产业园区立法工作应当依托石家庄的地情、法规、政策以及河北省医药行业的具体情况等地方基本条件，充分利用现有的各项资源，制定出针对性强、可操作性高、独具创新品质的地方性法规。

此外，地方性立法在充分利用本土资源方面有两点需要注意之处。一是对于中央立法尚未制定法律或没有规定的事项，地方立法机关在创新立法时要注意界限，切忌同上位法相抵触和越权立法，对于国家可能在短期内作出具体的统一性规定的事项，地方立法机关要注意地方立法中各事项的轻重缓急，避免地方性法规出台不久就因为同上位法相抵触而被撤销。二是不要照搬照抄其他行政区域内新出台的创新性地方法规，例如《中关村科技园区条例》出台后，各省纷纷出台地方性条例，而其内容实则是对《中关村科技园区条例》的照搬照抄，毫无地方特色可言。如此不注重地方本土法治资源的地方性法律文件如何能够高效地推动本地的经济社会发展？所以，河北（石家庄）高端医药产业园区立法有效利用本土法治资源。

产业园区立法在注重利用本土法治资源的同时，还需要注重借鉴、吸收外国先进的工业园区立法的经验，将医药行业的国际惯例也纳入立法范围，实现地方性法规同国际惯例的接轨。产业园区作为一个高科技产业园区，各市场主体频繁地同外国企业进行经济贸易、人才交流和合作、联合开发新项目等国际经济活动，外国先进的经营管理模式会率先被引入产业园区，经济全球化的气息在园区内部将无比充盈。所以，产业园区立法需要与经济惯例接轨，使与园区市场主体能够更方便地进入国外市场。另外，知识产权的国际保护、外国雄厚资金的注入和风险投资、国际先进技术的作价入股等都需要园区立法同国际惯例紧密结合，以法律形式确保国外企业、技术、资金的安全，吸引国际顶级医药企业在园区"安家落户"。因此，河北（石家庄）高端医药产业园区立法要注重利用本土法治资源与接轨国际惯例。

## 四　河北（石家庄）高端医药产业园区法的制度构想

河北（石家庄）高端医药产业园区条例是具有创新品格的多项制度的综合性法律规范体系，其内容主要包括园区管理制度、行业协会辅助制度、环境影响评价制度和知识产权保护制度等。上述制度作为产业园区立法的主框架，对实现立法目的、制定具体的园区法规具有重要作用。这些配套性制度作为园区法规的一部分，实质上同样具有园区行为规则的作用，在规范性法律文件中规定这些制度，即是肯定这些制度对园区内各种行为具有等同于法律的国家强制力和威信力。所以，产业园区立法中对上述制度的规定将成为指导园区建设、市场主体经济活动、园区人员行为和政府权责界分的重要规范。具体制度构想如下。

### （一）河北（石家庄）高端医药产业园区管理体制的立法构建

#### 1. 政府与行业协会协同服务

我国工业园区管理制度的实践经验表明，现行园区管理制度弊端很多，政府对工业园区的"管"并非工业园区的根本要求所在，而且政府部门对于经济活动的管理过于僵化，各行业协会对经济发展的促进作用没有真正发挥。我国行业协会的设置主要是挂靠政府的业务主管部门，并由业务主管部门进行行业业务指导，其主要职能是代表、协调、监督、行业管理、数据统计等，但行业协会对其中多项职能并不具有决定权，而沦为业务主管机构决策的"传声筒"，这就产生了行业协会的亚政府现象，即"行业协会的决策错位，失去了原本意义上的邻接性，甚至异化为政府职能部门的一个内设机构或者说派出机构，行业协会的官僚机构及其工作人员一方面享受着政府的福利和优势，另一方面又借助中介机构的中介性规避着法律的治理，成为了当下中国法律治理的盲点"。① 政府对行业协会的控制，影响了行业协会在经济活动中的作用，行业协会对本行业市场主体的指导作用渐渐等同于政府的"宏观调控"，其掌握的本行业信息成为政府领导部门宣扬政绩的最好例证。所以，当前河北医药产业园区管理制度建设必须突破现行工业园区管理模式，改革政府机关和行业协会的管理机制，寓管理于服务之中，采用政府与行业协会协同服务行政的制度，双管齐下，既发挥政府对园区建设的宏观调控作用，也减少政府部门的行政干预，发挥行业协会的市场监控职能。

河北高端医药产业园区立法活动只是针对特殊区域的地方性立法活动，所以应当在不破坏国家法律体系的情况下实现管理体制革新，政府与行业协会协同管理制度的建立应当在遵守《社会团体登记管理条例》对于行业协会职能的相关规定的条件下，重新建构产业园区管理体制的框架。"当代行政民主化的实质是大力发展直接民主；公民参与不仅仅是重塑政府的动力，也是政府改革的重要目标；一个国家的民主化程度取决于公民参与和实现行政民主化的程度。"②

---

① 胡肖华：《我国行业协会的亚政府现象及治理》，载《湖南省社会主义学院学报》2009年第4期。

② 杜钢建：《公民参与在重塑政府中的作用》，载《新东方》1999年第1期。

因此，笔者认为，依据园区立法的"服务行政"原则和"放管服"改革的要求，产业园区可以通过立法建立"权责集中、主体多元"的政府与行业协会协同服务制度。其中，"权责集中"是指园区服务体制建构首先应当明确政府权力的专有性和强制力，对政府下放的部分职权也应当承认政府的"授权"主体身份，属于职权范围的可以行使职权，不属于职权范围的坚决不能越权。因公务人员的职务行为或下放职权的行使所产生的责任也同样由政府各主管部门承担，责任承担问题将成为园区服务体制建构的一个重要组成部分，只有对政府行政责任作出明确规定，才能有效限制政府触手的延伸。而"主体多元"是指园区服务主体的多元性，政府不再是唯一的服务主体，政府机关的各项职能会逐步转移给其他园区服务主体，促使不同主体充分发挥自身的专业优势和信息资源优势，节省服务成本，提升服务效率，更好地为产业园区的发展服务。在此必须明确言明，服务主体的多元化并不表示权力的多元化，政府部门始终是公权力的掌控者，众多行业协会只是协同服务者，服务行为所产生的法律责任还是要由政府承担，以此避免多元服务主体间相互推卸责任。

对产业园区的行业协会来说，政府与行业协会协同服务制度在现行条件下应当突出行业协会的代表职能和监督职能。行业协会的代表职能主要体现在参与政府决策制定和与本行业有关的地方性立法上。而行业协会的监督职能既包含对政府行为的监督，以确保政府能够依法行政、高效行政，也包括对企业的监督，督促企业进行正当的市场竞争，避免市场垄断行为的出现，为产业园区的发展提供一个良好的竞争秩序。

### 2. 构建政府权力限制机制

河北（石家庄）高端医药产业园区的管理制度创新的主要挑战是对政府管理制度的改革。众所周知，当前我国政府行政过程中所产生的绝大多数弊端与政府对行政职权的垄断是分不开的，政府对权力的掌控和政府权力的扩张使政府对社会政治、经济等的干预度达到了无以复加的地步。即使在工业园区这种高度市场化的经济区域内，政府对经济的干预也在市场之上，政府这种"事无巨细"的强制性管理模式并不能获得最大的社会效益，而且还直接损害了市场这只"看不见的手"对经济、社会发展的调节作用。周叶中等认为，"在政府引导与市场主导相结合的发展模式下，由政府推进的区域协调发展，需要达成市场配置力与国家公权力的最优耦合，以形成区域协调发展的政府主导与市场机制的分工协调机制"。[①] 所以，河北（石家庄）高端医药产业园区的管理制度建设必须吸取以往政府"管制型"模式和其他工业园区管理制度的经验和教训，建立宏观管理和服务行政相结合的管理制度。这一制度的建立与否关系到河北（石家庄）高端医药产业园区的建设和发展成败。需要在地方性法规中对这一制度进行明确界定，以便其在园区建设中充分发挥指导规范的作用。

"宏观管理"是与微观管理相对的一种管理模式，在此主要是指政府部门运用自身职权，对经济活动中市场无法及时、有效调节的弊端进行主动的、宏观的调节的管理方式。"宏观管理"是国家权力对经济活动的良性干预，是 20 世纪后半期垄断资本主义赋予政府的一项新职责，而且这一职责是政府为公民提供的必要"生存照顾"[②]，具有不可推卸性。虽然当前人们对于政府管理行为的看法摆脱了"管得越少的政府就是越好的政府"这一自由资本主义观点，但也并不是说现代政府需要对社会经济生活进行全面的、无所不包的管理，政府进行全方位政治干预的后果只能是妨碍市场主体自身创

---

① 周叶中、刘诗琪：《地方制度视域下区域协调发展法制框架研究》，载《法学评论》2019年第 1 期。

② "生存照顾"(Daseinsvorsorge) 是德国行政法学家福斯多夫于 1938 年发表的《作为服务主体的行政》一文中提出的一个独特的概念。他指出，个人生存所必需而须取用己身之外的东西，即为"取用物"。任何提供这些取用物者即为生存照顾，党和国家政治力量有提供个人"生存照顾"的"政治负责"。

造力的发挥，阻碍经济、社会的发展。所以，产业园区的管理体制应当将政府的调控行为限定在宏观层面，而将经济的微观调控还给市场，加大市场这只"看不见的手"的调控力度。政府在园区建设和经济发展中的职能行使应当起到全局指挥、统筹谋划、牵线搭桥的作用，只要在园区发展方向、市场竞争、园区秩序等方面没有违反国家法律的事项，政府就可以继续保持"守夜人"的身份，"消极"管理园区的各项活动。

政府部门对园区各项活动进行宏观管理，需要园区管理机构更多地负责园区的管理事项，这就要求政府各部门进一步放权，勇于对权力说"不"。在此，放权包含两层含义。一是政府部门明确自己的职责，对属于自己部门的职责要履行好，对不属于自己部门的职责坚决不伸手，严格控制各政府部门的职权，防止权力扩张。二是对于可由园区管理机构办理的审批手续、发证、收费、行政处罚、强制措施（非人身强制措施）等事项，相关政府部门可以将权力下放至园区管理机构，由园区管理机构进行统一管理。这样既能充分提高园区管理者对园区内部信息资源的利用率，又能极大地提高高端医药企业的效益。而对于某些不便于向下级授权的行政职能，可以在园区设立行政派出机构，进行多部门的集中行政、流水式行政，简化行政手续，实现高效行政。

一般情况下，产业园区行政机构的管理权限仅停留在宏观管理层面上，对于管理机构的具体行政行为，产业园区更加强调"服务行政"。"服务意识究其本质是为公众、为公民服务的理念。树立正确的服务意识要科学地鉴定以下四方面的内容：一是为谁服务；二是由谁来服务；三是如何服务；四是提供什么样的服务。"[①] 明确了这四个问题，政府部门在行政服务中才能高效、优质地服务。河北（石家庄）高端医药产园区作为高科技经济园区，市

---

① 付爱兰：《从"新公共服务"的视角看我国服务型政府的构建》，载《理论建设》2005 年第 5 期。

场应当起到主要的调节作用，政府只需要本着"服务"的心态，对需要政府干预的部分进行干预，对于其他事项只需要保持园区正常的秩序即可。政府在履行行政职责时，一方面要增加服务性行政的数量，提高服务性行政的质量，另一方面要将管理寓于服务之中，坚持以人为本、服务大众的理念，做好园区行政工作。

### 3. 建立和完善园区宏观人才管理制度

河北（石家庄）高端医药产业园区作为人才高度集中的经济产业区，人才资本是园区最重要也是长远发展必须依赖的生产要素，实践证明，只有公平竞争才能最大限度地激发人才的潜能，最高效地利用人才资源。因此，建立以竞争机制为基础的产业园区人才管理制度将成为园区企业飞速发展的助推器。但是我们需要注意到，法作为行为规则的抽象性规定，即使是地方性法规也不可能非常详细地规定每一个方面的具体规范、措施。园区人才管理制度是对众多园区企业和企业员工之间管理关系的规定，而各企业对人才的管理、待遇、奖惩情况各有不同，所以产业园区条例对园区内部人才管理的相关规定应当采取宏观的方式加以确定，指导各企业制定具体的人才管理制度。

产业园区人才管理制度的构建首先应当引入人才竞争机制，这是市场经济对企业以及员工的必然要求，也是企业对员工的自身价值进行判定、选拔和录用的基础和前提。人才竞争机制包含企业员工录用机制、考核机制、淘汰机制等，在各种机制发挥作用的过程中要始终坚持公平、公正和透明原则，对人才的奖惩、晋升、辞退等应当打破传统以职称作为人员价值评定标准的陈旧观念，通过公开竞争的方式，给予既有真本事又具有创新热情的年轻人更大的发展空间。此外，应当突破现今以科研成果多寡为单一标准来评价科研人员能力的制度，建立其他科研能力衡量标准，以科研成果的实际转化率作为评价标准或以科研成果的实际社会效益作为评价标准的方式能够更真实地评测出科研人员的科研能力。同时，为了激发科研人员的科研热情，还应当设立园区人才激励机制作为人才竞争机制的辅助措施。对于取得重大科研成果的科研人员，可以通过红利、股份等物质奖励的形式实现其价值。这对于企业的发展和激发科研人员的研发热情都具有极大的促进作用。

河北（石家庄）高端医药产业园区所在的石家庄市对于高端人才的吸引力不够，而且户籍制度、人事档案、社会保障制度等管理过死，不利于人才交流。因此，产业园区在设置人才交流机制时可以同相关部门提前协调，放宽或者开放园区所需高端生物医药人才的流动限制，具体可从以下几个方面加以规定。一是对于产学研的结合，对高校所有的人才采取外部联合的方式，由企业提供科研资金，支持高校人才的项目研发，科研成果的利益分配方案可以由企业、高校和研发人员三方商定。二是高端人才与企业可以根据市场的供需情况，结成较为松散的合作伙伴关系。企业除了具有相当数量的稳定的科研人员外，可以视医药市场的需求，临时性地同相关科研人员签订研发协议，利益分配比例可由企业与科研人员商定。三是给予高端人才更为优越的经济待遇、科研条件和住房待遇，利用人才集群效应吸引更多的人才，提高石家庄对高端人才的吸引力，改变石家庄作为劳动密集型医药产业基地的形象，使其成为全国最具影响力和竞争力的高端医药产业增长极。

## （二）园区环境的法律保护措施

### 1.建立产业园区环境影响评价制度

河北（石家庄）高端医药产业园区作为一个以生物医药产业为主的生产性工业园区，不可避免地会对环境产生诸多影响，所以产业园区的环境保护问题将成为园区发展所要解决的重要问题，建立产业园区环境保护制度，特别是环境影响评价制度将是产业园区立法工作的重点。环境影响评价的内涵已经在专门法律中作出了明确规定，2003年9月1日起实施的《中华人民共和国环境影响评价法》第 2 条规定，"本法所称的环境影响评价，是指对规划和建设项目实施后可能造成的环境影响进行分析、预测和评估，提出预防或者减轻不良影响的对策和措施，进行跟踪监测的方法与制度"。从上述环境影响评价制度的内涵可知，现行法律对环境影响的评价范围不仅包括先期评价，还包括规划或建设项目实施后的"环境监控型评价"和"环境回顾评价"，在开发行动实施阶段对实施、执行开发行动所造成的环境影响进行预测、评价，并反馈评价结论，调整开发行动。回顾性环境影响评价又称跟踪评价或后评价，是对开发行为实施完成后所产生的环境影响进行跟踪检查、评估。也就是说，现行环境影响评价制度开始注重环境污染源区域内长期的环境保护工作。河北（石家庄）高端医药产业园区在立法进程中也应当注意到现行环境影响评价制度的这一时代特点，全面地规定产业园区的环境保护制度。

河北（石家庄）高端医药产业园区立法作为一项地方性立法，不违反上位法的规定是其制度创新的基础和前提，产业园区的环境影响评价制度的建构应当实现与现行环境保护法律体系的有机衔接，避免牵一发而动全身的情况出现。因此，产业园区的环境影响评价制度可以沿用《建设项目环境保护管理条例》中环境影响评价的相关规定，同时提高评价程序的可操作性，确保能够及时、有效地发现并制止环境破坏行为。

传统环境立法中一直把"可持续发展"作为环境保护的一项重要原则，但是始终未能有效地将可持续发展原则融入实践。究其原因，一方面是人们对可持续发展的认识不到位，把经济效益和可持续发展完全对立开来，以至于企业宁可花钱购买污染排放指标，也不愿意改善生产环境和生产技术；另一方面是与可持续发展相关联的环境保护制度可操作性不高，公务人员和企业都不清楚自己在环保制度中应如何做，这同束缚住人的手脚别无二致。所以，产业园区环境影响评价制度既应当与可持续发展相结合，又应当针对现行制度可操作性不强的缺点，制定切实可行的操作程序。另外，河北（石家庄）高端医药产业园区的生态环境保护制度应当借鉴生态工业园区的成功经验，将环境影响评价作为园区建设的前置性条件。在这一要求下，公共利益与地方经济发展有可能产生强烈的冲突。但对于现代法治国家与服务型政府而言，保障公民权益，推动社会整体福利的提升，才是国家建设的根本。因此，我国应当对产业园区建设和发展的各个阶段进行科学的环境评价，实现生态效益和经济效益的双赢。

### 2. 明确产业园区环境保护的公众参与机制

落实河北（石家庄）高端医药产业园区环境保护工作的最有效措施还是公众参与，但是我国现在的公众参与制度并不完善，法律只是笼统地规定公众享有参与公共事务管理、监督等事项的权利，却没有极具操作性的公众参与程序。虽然 2006 年 2 月 22 日国家环保总局颁发了《环境影响评价公众参与暂行办法》，对于公众参与环保制定了实施细则，但也仅限于环境影响评价制度，在其他环保机制中并没有充分发挥公民参与环保的作用。同时，我国公民对待自身的权利持消极态度，反映在环境保护方面，我国公民只有在破坏环境的行为危害到自身的合法利益时才能站出来维权，由于环境破坏的不可逆转性，这种事后监督方式具有极大的害处。所以，产业园区的环境保护立法应当提高公众参与的程度，增加公民对环境的事前监督，完善公民环保参与程序，使公民参与具体化、规范化。

一般说来，"公众参与是指公民有权通过一定的途径参与一切与环境利益相关的活动，使得该项活动符合公众的切身利益"。[①] 但是产业园区环境保护的公众参与机制对"公众"界定不应当仅局限在生物体的"人"和园区企业上，现在我国环境保护自制力差的原因就是民众和企业缺乏环保压迫

---

① 　幸红:《论公众参与环境影响评价制度》，载《经济与社会发展》2006 年第 4 期。

感。产业园区环保制度应当发挥行业协会的作用，形成"政府—园区管理机构—行业协会—企业—员工"自上而下参与环保的模式，利用行业协会对本行业企业的牵制力，带动企业与员工的环保积极性，实现产业园区的环保目标。这种自上而下的环保方式相比以前单纯强调公众参与环保的方式具有了更强的可操作性。"政府通过设计制度、保护产权，使环境保护与私人经济主体的利益紧密相连。"[①] 而且由于行业协会同企业的利害关系，由行业协会带动，企业与员工自然会将环保工作引入日常活动中。

自上而下的公众参与环保模式对公众参与环保具有一定的促进作用，但完善的环保奖励机制对于公众参与环保来说才具有最强的吸引力。建立环境保护奖励机制，应当善于利用现实利益激励企业和公众积极地参与到环境保护中去，实现产业园区的环保目标，具体措施见表 12-1。

表 12-1　环境保护奖励机制的具体措施

| 奖励等级 | 奖励方式 | |
|---|---|---|
| | 企业奖励方式 | 个人奖励方式 |
| 政府奖励 | 市级"环保先进企业"<br>地方税种的税收优惠 | 市级"环保先进个人"<br>适当物质奖励 |
| 产业园区奖励 | 产业园区"环保先进企业"<br>地方税种的税收优惠 | 产业园区"环保先进个人"<br>适当物质奖励 |
| 企业奖励 | — | 企业"环保先进个人"<br>适当物质奖励 |

首先应当确定政府在环境保护奖励机制中的地位。政府作为公权力的代表，对于环保贡献巨大的企业可以授予"环保先进企业"的称号，对于因环保工作所支出的款项可以不计入应税金额。对于个人，可以由政府授予"环

---

① 高红贵：《环境保护与制度创新》，载《理论前沿》2005 年第 2 期。

保先进个人"称号，适当给予物质奖励。

其次，建立环境保护奖励标准，避免奖励的主观随意性，明确对企业和个人的奖励等级和奖励方式。在奖励等级上可以视企业和个人在环境保护方面所作出的贡献划分为 3 个级别，并设定适当的奖励方式（如表 12-1）。个人奖励方式中物质奖励的来源可以通过多渠道获得，例如政府财政拨款、公益团体捐赠、企业专项资金等，保证奖励机制能够长期有效运转。

最后，建立完善的环境保护奖励程序。缺乏奖励评审程序，再好的奖励机制也无法有效运转。所以，产业园区环境保护奖励程序必须具有较强的可操作性，具体程序包括申请—审核、推荐—审核、公众评选等。

此外，笔者认为，产业园区立法对公民参与环保机制的完善因不能触及其他上位法，只能是在现行环保法律体系中进行法制资源整合，所解决的只是一时的问题。公民参与环境保护的根本还是在于公民环境权的制度化和具体化，由宪法和环境保护法规定公民的环境权，从而为公众参与环保提供坚实的法律依据。

### 3. 完善环境保护的监督机制和责任机制

环境保护的监督体系对于产业园区环境保护制度的运转具有不可忽视的作用，如果没有一个完善的监督体系，再完美的法律制度在贯彻执行上都会大打折扣。河北（石家庄）高端医药产业园区环境保护监督体系作为园区环境保护制度的重要组成部分，监督园区环境工作的运转情况，确认环境保护职能部门的责任承担，为园区环境保护制度长久运转做好保障工作。

我国现行环境保护法律体系对环境监督机制的规定具有一定的可取之处，产业园区环境监督机制可以在沿用现行环境监督机制的基础上，对某些不适宜产业园区环境保护工作的条款加以完善，如《中华人民共和国环境保护法》的第二章"监督管理"并未对公众参与环境监督作出规定，只是在该法第 6 条、第 57 条中分别赋予单位和个人保护环境的义务，以及环保举报的权利。虽然上述条款并未直接言明"环境监督权"，但单位和个人对污染环境和破坏生态的行为却行使着"监督"之实。故此，产业园区的环境监督机制可以肯定公众（包括行业协会等民间自治组织）具有协助政府部门监督产业园区环境的权利，增加园区环境的监督主体，扩大园区环境外部监督的范围。而公众对政府和环保职能部门的执法监督将成为环境监督机制的重中之重，笔者认为，环保职能部门的某些官员同造成环境污染的企业进行"权钱交易"是我国环境监管状况不佳的重要原因，而在缺乏公众监督的情况下，官员与企业对环境污染所应负的法律责任有恃无恐。所以，强化公众对产业园区的环境监管失职和污染、破坏环境行为的监督和检举十分重要。

河北（石家庄）高端医药产业园区环境保护法律责任机制应当与现行环境保护法律体系的责任承担相一致，区别之处在于产业园区依靠公众参与环境监督，增加了执法失职和污染环境的责任风险，加大了对违法犯罪行为的查处力度，使法律责任真正成为公务人员执法行为和园区企业经济行为的参照系。

## （三）完善知识产权保护制度

### 1. 改革产业园区知识产权管理机制

完善的知识产权保护制度是产业园区对企业知识产权进行法律保护的重要保障，但是我国现行知识产权法律体系在许多方面有待完善，对产业园区知识产权保护制度进行创新已属必然。河北（石家庄）高端医药产业园区的知识产权管理比较混乱，目前在产业园区内主要存在三种模式：一是由企业最高管理层主管，其他部门协同管理，这种模式主要在国有企业中实行；二是由企业的法律部门管理，依据主要是知识产权属于法律事项，并且诸多侵犯知识产权的现象需由企业法律部门进行外部维权；三是由企业的科研部门掌握管理权，产业园区的一些私营企业和中小企业多采用此种模式。由此可以看出，产业园区知识产权管理制度比较混乱，知识产权的管理工作多挂靠在企业的相关职能部门，没有建立独立的知识产权管理组织，企业之间缺乏沟通，造成企业间知识产权保护"各自为政"的现象。产业园区对知识产权进行立法保护，应当设立统一的知识产权管理机构，统筹园区知识产权的保护工作，并联合各企业知识产权管理部门，建立产业园区内部的知识产权数据库，实现产业园区知识产权管理和知识产权信息的制度化、统一化。此外，产业园区立法中对知识产权的保护还应当包括"知识产权工作例会制度、成果登记制度、知识产权申请审查制度、技术合同签订制度、技术信息定期录入制度、开发制度、定期检查制度、技术权益传承制度以及技术保密制度等"，[①] 以此建立完善的产业园区知识产权保护制度。

现阶段，我国医药产业特别是高科技含量的生物医药产业的知识产权保护意识已显著增强，维权数量急剧增加，但医药企业的总体知识产权保护意识和保护能力都还较弱，需要行业协会发挥作用。一是要发挥行业协会在同类企业中的统领性作用，做好本行业知识产权保护协调工作，强化行业协会在知识产权纠纷中的调解终端作用，减少行业内部企业间侵犯知识产权事件的发生。二是依靠民间组织的中介作用，搭建起政府与企业之间的桥梁，加强政府对医药企业知识产权的行政保护。民间组织作为政府和企业信息的转达者，方便二者之间的信息交换，既有利于政府决策的制定，又便于企业了解国家的政策，及时调整发展方向。

### 2. 完善人才创新激励机制

我国医药产业的发展虽然可以在引进发达国家生产技术和科研成果的基础上扩大市场占有份额，但是对于我国医药产业来说，最重要的还是拥有自主知识产权的产品，而进行自主知识产权的研发最重要的还是要完善人才

---

① 陈美章：《技术创新与知识产权》，载《知识产权》1999 年第 6 期。

创新激励机制，以此增强我国医药产业的国际竞争力。以我国的现实情况来说，"我国并不是缺乏解决制度稀缺问题和制度创新能力，而是缺乏一种实施制度的环境和条件。造成缺乏制度实施机制的主要原因包括：政府官员凌驾于制度之上，无视制度的存在；制度设计不合理或实施成本太高。因此，在注重制度建设的同时更要注重制度实施机制的建立"。[①] 人才激励机制应当成为制度实施机制的重中之重。

河北（石家庄）高端医药产业园区立法中对人才激励机制的规定首先应当以鼓励自主知识产权的产品研发为主。园区医药企业谋求在国际竞争中占有一席之地，就必须进行技术创新，以自主产权为自己谋得市场份额，增强企业的核心竞争力。所以，加强自主知识产权研发和保护应当成为产业园区立法中人才激励机制的重要条款。其次，要完善知识产权的收益分配机制，园区企业应当在确定知识产权归属后，对知识产权研发和实施人员给予物质和精神奖励，"围绕深化科技体制改革、建设新型科研机构、科技资源开放共享、区域协同创新、科技金融发展、科技成果转化、人才引进与培养、知识产权等方面进行积极探索，以进一步释放创新潜能、提高创新效能、增加创新收益、实现创新驱动发展"。[②] 最后，园区企业应当加大科研经费的投入，为科研人员提供充足的研究资金和科研设备，只有具备足够先进的硬件配置，才能激发科研人员的创新能力，才能为企业自主知识产权的诞生提供条件。

河北（石家庄）高端医药产业园区立法只是我国区域立法理论与实践的一个重要节点。目前，我国的产业园区立法正面临一个更大的挑战（也可以视为一种潜在的"发展"），即产业园区跨行政区域适用地方性法规的挑战。

---

[①] 吴志军：《生态工业园企业合作非正式契约的博弈分析》，载《经济管理》2007 年第 4 期。

[②] 于佳佳等：《关于苏南国家自主创新示范区立法的思考》，载《江苏科技信息》2017 年第 3 期。

该挑战的产生，正是由于产业园区立法对园区发展具有重要推动作用。在实践中，这一难题首先出现在广东省汕尾市深汕特别合作区。该合作区是以"飞地模式"建立起来的新型产业园区，地处汕尾，却由汕尾市与深圳市共同行使管理权。该合作区管委会基于区域发展的需要以及园区企业的市场发展要求，向广东省政府建议出台《广东省深汕特别合作区条例》（2019 年列入广东省人大常委会预备审议项目），实现"政务服务和营商环境双优工程"创新。该条例最为创新的地方在于，将深圳市的法规规章（不包括经济特区法规）适用于深汕特别合作区范围内。因此产生了一系列立法理论难题，例如深圳的法规规章能否适用于深汕特别合作区？深汕特别合作区管委会的法律性质是独立的行政主体，还是派出机关，抑或是派出机构？特别合作区内部设立的纪检监察机关、人民武装管理部门、法院、检察院等相关机构是否在地方人大及其常委会立法权限范围内？深汕特别合作区人大代表和政协委员能否参加深圳的选举？该合作区所面临的立法适用范围问题，是之前区域立法未曾面对的。在这一立法创新背景下，区域立法打破行政区划的界限，将会成为未来立法发展的一个重要方向，甚至为粤港澳大湾区法治建设提供理论与实践依据。

# 结束语

　　立法研究与实务经验令笔者反思，立法究竟"立"向何方？这虽然是由立法权的享有者来决定的，却常常变化出无尽的"面孔"。"郭京毅违规立规案""甘肃祁连山保护区立法渎职案"等深刻地揭示出立法力量的另一重"面孔"——民主的反科学。无论是精明的立法者还是学富五车的理论家，面对立法力量的多重"面孔"，实际上均无法作出有效的防御。而且，立法从来就不是"唯一正解命题"。因此，认可立法的力量，警醒民主的反科学，强化立法的"规范主义"审视，就成为现代立法必须坚持的方向。

　　本书正是基于对"民主的反科学"的担忧，以"规范主义"视角来审视现代立法的成果。其中，"现代立法的中国境遇"是对传统立法学理论的反思与革新。对于中国的立法学建设而言，目前学界过度关注教学方法的革新（例如立法例教学法、比较立法学、法律诊所等）。实际上，自2000年以来，中国的立法学虽然历经了持续性发展的过程，但在立法学界整体研究对象上，仍然困在2000年左右的研究范式下。偶有创新，便又陷入宪法和立法法的合法性诘问中。这也说明中国的立法学还未能形成一个独立的学科，至少还没有自己的方法论支撑。而且，中国传统的实验主义立法遭遇实质立法观之时，如同面对现代立法规律的审慎责问："现代立法究竟是追求善治还是良法？"这两者是完全不同的概念，前者将立法视为一种工具，而后者则将立法归结为公众需要。本书上篇"现代立法的中国境遇"，是对实践的反思，更是对理论的向往。

中篇"我国立法的机制创新"以博弈论为主线，探讨了立法回避的登场与退场、立法博弈的优势与劣势、区域立法的权力博弈以及地方立法中的社会性博弈，既包含理论到实践的机制创新过程，也包括宏观到微观的博弈描述。其全面性恰恰反映出"博弈"正在保证中国立法走向公平、公正、民主。或许社会公众对立法参与的热忱依然不高，但改革开放以来40多年的国家法治建设，已经展现出现代法治的力量。

下篇"部门立法的中国实践"涉及环保、司法、高科技领域等诸多领域，揭示了成文法国家立法中心主义权威的树立过程。这里不妨提出以下问题：（1）环保能带来直观的社会效益吗？（2）司法如何成为正义的最后一道防线？（3）法治的框架是否会束缚科技的自由创新？对于第一个问题，现在，环保立法已经成为国家立法的重要领域。这既是立法观念的变化，也是我国立法学界与实务工作者对立法规律的把握。对于第二个问题，案例指导制度与错案追究终身制看似与立法不相关，但实际上反映出司法机关正在按照立法的方式处理司法问题。制度化带来的结果是成文法化，所以制度设计本身就是立法的基本问题。对司法制度的探讨，也是对我国立法所带来的外放性问题的反思，而这也恰恰在案例指导制度与错案追究终身制的制度设计与运行效果上得到了强烈印证。第三个问题是对近几年立法扩张的反思。从立法发展史来看，我国正处于立法膨胀的时期，社会生活的方方面面均被纳入法治的轨道。"常回家看看""见义勇为""家庭教育促进条例"等涉及私人事项、道德事项的内容被立法化。实际上，上述事项中的违法行为很难得到惩治。无责任则无立法。因此，对于科技创新以及市场而言，立法也只能发挥一定作用，切不可将立法神圣化。

综上所述，中国的立法学要从传统立法中走出来，更要在中国特色社会主义法律体系的基础上，构建中国特色社会主义立法体系。以宪法为指导，从《立法法》到省级地方性法规制定办法，再到市级地方性法规制定办法，我国的立法体系已经基本形成，今后的任务应当是实现立法的综合性改革，即从分散式立法向综合性立法迈进，借助"包裹立法"这一全新法律修改模式推进我国法律体系的全面升级。

# 参考文献

## 一　中文著作

汪全胜:《制度:设计与立法公正》,山东人民出版社,2005。

汪全胜:《立法听证研究》,北京大学出版社,2003。

汪全胜:《立法效益研究》,中国法制出版社,2003。

汪全胜:《法律绩效评估机制论》,北京大学出版社,2010。

汪全胜:《立法后评估研究》,人民出版社,2012。

孙潮:《立法技术学》,浙江人民出版社,1993。

潘庆云:《中国法律语言鉴衡》,汉语大词典出版社,2004。

吴大英、任允正、李林:《比较立法制度》,群众出版社,1992。

乔晓阳:《中华人民共和国立法法讲话》,中国民主法制出版社,2008。

冯玉军:《法经济学范式》,清华大学出版社,2009。

张文显:《法哲学范畴研究》,中国政法大学出版社,2001。

林立:《波斯纳与法律经济分析》,上海三联书店,2005。

钱弘道：《经济分析法学》，法律出版社，2003。

苏力：《法治及其基本土资源》，中国政法大学出版社，1996。

刘少军：《立法成本效益分析制度研究》，中国政法大学出版社，2011。

郭道辉：《当代中国立法》，中国民主法制出版社，1998。

郭道辉等：《立法——原则、制度、技术》，北京大学出版社，1994。

谢振民：《中华民国立法史》，中国政法大学出版社，2000。

李步云：《立法法研究》，湖南人民出版社，1998。

吴大英、任允正、李林：《比较立法制度》，群众出版社，1992。

陈伯礼：《授权立法研究》，法律出版社，2000。

张根大：《法律效力论》，法律出版社，1999。

曹海晶：《中外立法制度比较研究》，商务印书馆，2004。

许梭伦：《地方立法论》，中国民主法制出版社，1997。

应松年主编《行政程序法立法研究》，中国法制出版社，1999。

顾昂然：《中华人民共和国立法法讲话》，法律出版社，2000。

李鹏：《立法与监督：人大工作日记》，新华出版社、中国民主法制出版社，
　　2003。

孙敢、侯淑雯主编《立法学教程》，中国政法大学出版社，2000。

刘和海、李玉福：《立法学》，中国检察出版社，2001。

朱力宇、张曙光主编《立法学》，中国人民大学出版社，2001。

刘莘：《行政立法研究》，法律出版社，2003。

侯淑文：《立法制度与技术原理》，中国工商出版社，2003。

李林：《立法机关比较研究》，人民日报出版社，1991。

李林：《立法的理论与制度》，法律出版社，2005。

马怀德主编《中国立法体制、程序与监督》，中国法制出版社，1999。

苗连营：《立法程序论》，中国检察出版社，2001。

周旺生、张建华主编《立法技术手册》，中国法制出版社，1999。

周旺生主编《中关村立法研究》，法律出版社，2001。

邓世豹：《授权立法的法理思考》，中国人民公安大学出版社，2002。

沈敏荣：《法律的不确定性》，法律出版社，2001。

孙琬钟主编《立法学教程》，中国法制出版社，1990。

张根大、方德明、祁九如：《立法学总论》，法律出版社，1991。

张善恭主编《立法学原理》，上海社会科学院出版社，1991。

王盛林主编《地方立法概论》，山东人民出版社，1992。

汤唯、毕克志等：《地方立法的民主化与科学化构想》，北京大学出版社，2002。

于兆波：《立法决策论》，北京大学出版社，2005。

江国华：《立法：理想与变革》，山东人民出版社，2007。

周静：《法律规范的结构》，知识产权出版社，2010。

戚渊：《论立法权》，中国法制出版社，2002。

孙潮：《立法技术学》，浙江人民出版社，1993。

宋汝棼：《参加立法工作琐记》，中国法制出版社，1994。

刘增棋、李江：《行政规章分析》，中国政法大学出版社，1994。

王云奇主编《地方立法技术手册》，中国民主法制出版社，2005。

徐向华：《中国立法关系论》，浙江人民出版社，1999。

管仁林、程虎：《发达国家立法制度》，北京时事出版社，2001。

齐晓琨：《德国新、旧债法比较研究——观念的转变和立法技术的提升》，法律
　　出版社，2006。

## 二　译著

〔美〕伯尔曼：《法律与革命》（第一卷），贺卫方等译，法律出版社，2008。

〔奥〕凯尔森：《法与国家的一般理论》，沈宗灵译，中国大百科全书出版社，

1996。

〔美〕帕特森:《法律与真理》，陈锐译，中国法制出版社，2007。

〔德〕马克斯·韦伯:《法律社会学:非正当性的支配》，康乐、简惠美译，广西师范大学出版社，2010。

〔古希腊〕亚里士多德:《政治学》，吴寿彭译，商务印书馆，1996。

〔美〕安·赛德曼、罗伯特·鲍勃·赛德曼、那林·阿比斯卡:《立法学:理论与实践》，刘国福等译，中国经济出版社，2008。

〔美〕庞德:《法理学》，王保民、王玉译，法律出版社，2007。

〔英〕阿蒂亚:《英国法中的实用主义与理论》，刘承韪、刘毅译，清华大学出版社，2008。

〔美〕庞德:《通过法律的社会控制》，商务印书馆，2008。

〔法〕卢梭:《社会契约论》，杨国政译，陕西人民出版社，2003。

〔美〕波斯纳:《道德和法律理论的疑问》，苏力译，中国政法大学出版社，2001。

〔日〕川岛武宜:《现代化与法》，王志安等译，中国政法大学出版社，2002。

〔美〕富勒:《法律的道德性》，郑戈译，商务印书馆，2005。

〔美〕约翰·卓贝克:《规范与法律》，杨晓楠、涂永前译，北京大学出版社，2012。

〔美〕霍尔姆斯、桑斯坦:《权利的成本:为什么自由依赖于税》，毕竟悦译，北京大学出版社，2011。

〔美〕施特劳斯:《自然权利与历史》，彭刚译，生活·读书·新知三联书店，2003。

〔英〕德兰逊:《社会科学:超越建构论和实在论》，张茂元译，吉林人民出版社，2005。

〔美〕弗里德曼:《法律制度——从社会科学角度来观察》，李琼英、林欣译，中国政法大学出版社，2004。

〔美〕博登海默：《法理学：法哲学与法律方法》，邓正来译，中国政法大学出版社，1998。

〔英〕边沁：《立法理论》，李贵方等译，中国人民公安大学出版社，2004。

〔英〕戴雪：《英宪精义》，雷宾南译，中国法制出版社，2001。

〔日〕岩井奉信：《立法过程》，李薇译，经济日报出版社，1990。

〔美〕汉密尔顿等：《联邦党人文集》，程峰如等译，商务印书馆，1995。

〔英〕奥斯丁：《法理学的范围》，许章润译，法制出版社，2001。

〔英〕哈特：《法律的概念》，许家馨、李冠宜译，法律出版社，2011。

〔美〕罗尔斯：《正义论》，何怀宏等译，中国社会科学出版社，1988。

〔美〕埃里克森：《无需法律的秩序：邻人如何解决纠纷》，苏力译，中国政法大学出版社，2003。

〔美〕桑斯坦：《权利革命之后：重塑规制国》，钟瑞华译，中国人民大学出版社。

〔美〕约翰·奇普曼·格雷：《法律的性质与渊源》，中国政法大学出版社，2011。

〔德〕伯恩·魏德士：《法理学》，丁小春、吴越译，法律出版社，2003。

〔德〕卡尔·恩吉斯：《法律思维导论》，郑永流译，法律出版社，2004。

〔德〕卡尔·拉伦茨：《法学方法论》，陈爱娥译，商务印书馆，2003。

〔德〕伽德默尔：《真理与方法》，洪汉鼎译，译文出版社，1999。

〔英〕丹宁勋爵：《法律的训诫》，杨百揆等译，法律出版社，1999。

〔德〕罗伯特·阿列克西：《法律论证理论》，舒国媛译，中国法制出版社，2002。

〔英〕约瑟夫·拉兹：《法律的权威》，朱峰译，法律出版社，2005。

〔奥〕凯尔森：《法与国家的一般理论》，沈宗灵译，中国大百科全书出版社，1995。

〔英〕边沁：《道德与立法原理导论》，时殷弘译，商务印书馆，2000。

〔比〕范·胡克：《法律的沟通之维》，孙国东译，法律出版社，2008。

〔英〕哈特：《法律的概念》，张文显等译，中国大百科全书出版社，1996。

〔英〕蒂莫西·恩迪科特：《法律中的模糊性》，程朝阳译，北京大学出版社，2010。

〔美〕诺内特：《转变中的法律与社会》，张志铭译，中国政法大学出版社，1994。

〔德〕古斯塔夫·拉德布鲁赫：《法律智慧警句集》，徐国栋译，中国法制出版社，2001。

〔美〕欧文·M.柯匹、卡尔·科恩：《逻辑学导论》，张建军等译，中国人民大学出版社，2007。

〔美〕道格拉斯·诺斯：《制度、制度变迁与经济绩效》，刘守英译，生活·读书·新知三联书店，1994。

〔英〕霍布豪斯：《自由主义》，朱曾汶译，商务印书馆，1996。

〔英〕泽格蒙特·鲍曼：《自由》，杨光、蒋焕新译，吉林人民出版社，2005。

## 三 中文论文

周旺生：《论法之难行之源》，载《法制与社会发展》2003年第6期。

魏宏：《立法过程的思维和研究方式》，载《重庆社会科学》2002年第4期。

郑成良：《论法律形式合理性的十个问题》，载《法制与社会发展》2005年第6期。

汪全胜：《立法的合理性评估》，载《上海行政学院学报》2008年第7期。

侯健：《法治与良法、民主的关系——评拉兹的法治观》，载《中外法学》1999年第4期。

黄文艺：《为形式法治理论辩护——兼评〈法治：理念与制度〉》，载《政法论坛》2008年第1期。

季卫东：《中国法治的悖论与重构》，载《文化纵横》2011 年第 6 期。

朱志昊：《从价值预设到法律形式：立法方法论基础初探》，载《河南大学学报》( 社会科学版 )2011 年第 4 期。

江国华：《论立法价值》，载《法学评论》2005 年第 6 期。

周旺生：《中国立法技术 "粗劣"》，载《法律与生活》2004 年第 4 期。

李林：《关于立法权限划分的理论与实践》，载《法学研究》1998 年第 5 期。

李德顺、戚渊：《关于法的价值的思考》，载《中国法学》1996 年第 5 期。

毛原：《论法的价值选择——兼谈立法的合法性》，载《理论研究》2000 年第 5 期。

周旺生：《论立法法及其历史环境——关于立法法研究的一个方法论问题》，载《法学论坛》2001 年第 5 期。

陈瑞华：《程序正义论——从刑事审判角度的分析》，载《中外法学》1997 年第 2 期。

陈端洪：《立法的民主合法性与立法之上——中国立法批判》，载《中外法学》1998 年第 6 期。

应松年：《立法法关于法律原则保留的规定》，载《行政法学研究》2000 年第 3 期。

曾巧华：《论行政立法权来源的正当性》，载《学习与探索》2005 年第 4 期。

王正明、曹叠云：《"总则"立法技术模式论》，载《法学》1993 年第 6 期。

陈忠海、吴雁平：《部委与国家档案局联合颁布的档案规章和规范性文件立法技术与制定技术分析》，载《档案管理》2011 年第 1 期。

郝铁川：《传统思维方式对当代中国立法技术的影响》，载《中国法学》1993 年第 4 期。

郭泽强：《从立法技术层面看刑法修正案》，载《法学》2011 年第 4 期。

孙德强：《劳动法在立法技术上的缺陷及其完善》，载《中国劳动关系学院学报》

2005 年第 3 期。

杨玉豪：《立法技术和理念对立法质量的影响》，载《五邑大学学报》( 社会科学版 )2007 年第 4 期。

汪全胜：《立法技术评估的探讨》，载《西南民族大学学报》( 人文社科版 )2009 年第 5 期。

吴秋菊：《立法技术探讨》，载《时代法学》2004 年第 4 期。

廖义铭：《产业发展与立法典范的变迁——从"裁判立法"到"赋能立法"》，载《财经法学》2019 年第 4 期。

肖冲：《地方立法权限问题研究》，载《哈尔滨师范大学社会科学学报》2019 年第 4 期。

方桂荣：《中国法学教育国际化转型的困境与前景》，载《广西民族大学学报》（哲学社会科学版）2018 年第 2 期。

王辉：《法考背景下高校法学应用型人才培养路径探索》，载《嘉应学院学报》（哲学社会科学版）2018 年第 4 期。

徐凤英：《设区的市地方立法能力建设探究》，载《政法论坛》2017 年第 4 期。

胡弘弘、白永锋：《地方人大立法人才培养机制研究》，载《中州学刊》2015 年第 8 期。

黄进：《新发展理念背景下中国法学教育的发展方向》，载《北京航空航天大学学报》( 社会科学版）2018 年第 2 期。

别敦荣、胡颖：《论大学协同创新理念》，载《中国高教研究》2012 年第 10 期。

李拥军：《当代中国法理学的思维方式与研究路径》，载《法治现代化研究》2018 年第 4 期。

王宏英：《中国宪法概念史与宪法学体系化》，载《甘肃政法学院学报》2019 年第 4 期。

刘风景：《需求导向的立法人才培育机制》，载《河北法学》2018 年第 4 期。

谢海霞：《论国际化法学人才的培养模式》，载《人力资源管理》2011 年第 7 期。

雷秋玉：《本科法学教育模式的反思与择定——在现实主义与科学主义之间》，载《江汉学术》2018 年第 2 期。

蒋银华：《论我国立法例教学模式的实施路径及其影响》，载《时代法学》2017 年第 5 期。

黄明慧：《应用导向型教学在立法学本科教改中的实例分析》，载《课程教育研究》2016 第 34 期。

韩大元等：《改革开放四十年的中国法学教育》，载《中国法律评论》2018 年第 3 期。

陈金钊：《法律方法论课程开发研究》，载《法律方法》2013 年第 2 期。

刘风景：《法治人才的定位与培养》，载《南开学报》2017 年第 5 期。

杨宏力：《非典型腐败及其制度治理》，载《社会科学研究》2016 年第 4 期。

廖军权、黄泷一：《提升设区的市立法质量的创新机制：立法点评》，载《地方立法研究》2017 年第 1 期。

王书娟：《地方立法委托第三方起草实效之影响机理分析》，载《河北法学》2019 年第 5 期。

桑本谦：《公共惩罚与私人惩罚的互动——一个解读法律制度的新视角》，载《法制与社会发展》2005 年第 5 期。

尹伟琴：《论专家参与地方立法的必要性及动因》，载《杭州师范学院学报》（自然科学版）2006 年第 3 期。

王春业：《设区的市地方立法权运行现状之考察》，载《北京行政学院学报》2016 年第 6 期。

吕芳：《委托立法中的立法思维冲突及调和——基于第三方与立法机关的比较》，载《学习与实践》2018 年第 2 期。

王书娟：《委托第三方起草之立法模式探析》，载《东南学术》2019 年第 1 期。

## 四  外文著作与论文

Pavlos Eleftheriadis, *Legal Rights*, Oxford: Oxford University Press, 2008.

John Delaney, *Learning Legal Reasoning: Briefing, Analysis and Theory*, New York: John Delaney Publish, 2006.

Oliver Wendell Holmes, *The Common Law*, New Brunswick, New Jersey: Transaction Publishers, 2005.

John Dickinson, "Judicial Control of Official Discretion," *The American Political Science Review*, 1928.

Evelyn Goh, "Great Powers and Hierarchical Order in Southeast Asia: Analyzing Regional Security Strategies," *International Security*, 2008.

Ronald Dworkin, *Taking Rights Seriously*, Cambridge: Harvard University Press, 1977.

Hans Kelsen, *Pure Theory of Law*, China Social Sciences Publishing House, 1999.

David Lyons, "Book Review," *Law Quarterly Review*, 1995.

Stephen Holmes, Cass R. Sunstein, *The Cost of Rights, Why Liberty Depends on Taxes*, New York: W.W. Norton& Company, 2000.

Joseph Raz, "Legal Principles and the Limits of Law," in Marshall Cohen, *Ronald Dworkin and Contemporary Jurisprudence*, London: Duckworth Press, 1983.

Jules Coleman, "Truth and Objectivity in Law," *Legal Theory*, 1995.

Timothy A.O. Endicott, "Law and Language," in Jules L. Coleman & Scott Shapiro, eds., *The Oxford Handbook of Jurisprudence and Legal Philosophy,* Oxford: Oxford University Press, 2001.

The Constitutional Law Group, *Canadian Constitutional Law*, Toronto: Emond Montgomery Publications, 2010.

N. Otakpor, "On Indeterminacy in Law," *Journal of African Law* 1 (1988).

Christopher L. Kutz, "Just Disagreement: Indeterminacy and Rationality in the Rule of Law," *Yale Law Journal* 4 (1994).

Niklas Luhmann, "Operational Closure and Structural Coupling: The Differentiation of the Legal System," *Cardozo Law Review* 5 (1992).

R. Tuomela, *Theoretical Concepts*, Wien–New York, 1973.

Neil MacCormick, Robert S. Summers, eds., *Interpreting Precedents: A Comparative Study*, Dartmouth Publishing Company Limited, 1997.

W. Friedman, *Law in a Changing Society*( 2nd ed. ), Columbia University Press, 1972.

James Frank, *Law and the Modern Mind*, Gloucester: Peter Smith, 1970.

Jeremy Bentham, *Of Laws in General*, University of London:Athlone Press, 1970.

James H. Fowler, Timothy R. Johnson, James F. Spriggs II, et al., "Network Analysis and the Law: Measuring the Legal Importance of Precedents at the U.S.Supreme Court," *Political Analysis* 15 (2007).

Michael Martin, *Legal Realism*, New York:Peter Lang Publishing Inc., 1997.

Ross, "Towards a Realistic Jurisprudence," select from Michael Chaim Perelman, *Old and New Rhetoric: An Address Delivered by Chaim Perelman at Ohio State University*, 1982.

Jerome Frank, *Law and The Modern Mind*, Anchor Books, 1963.

Reed Dickerson, "The Diseases of Legislative Language," *Harvard Journal on Legislation* 1 (1964).

Carol Bast, Susan W. Harrell, "Legal Citation for the 21st Century," *Journal of Paralegal Education and Practice* 15 (2003).

Bradley E. Abruzzi, "Copyright and the Vagueness Doctrine," *University of*

*Michigan Journal of Laze Reform* 2 (2012).

Jay R. Herman, "Constitutional Law-Void-for-Vagueness," *Suffolk University Law Review* 3 (1970).

Philip R. Cockerille, "Vagueness in Colorado Driving Laws," *Colorado Lawyer* 4 (1978).

Linda B. Corwin, "Anti-Drug Paraphernalia Laws: Void for Vagueness," *Boston University Law Review* 2 (1981).

Anthony T. Kronman, "Precedent and Tradition," *Yale Law Journal* 99 (1990).

Jeremy Waldron, "Vagueness in Law and Language: Some Philosophical Issues," *California Law Review* 3 (1994).

Arend Lijphart, "Comparative Politics and the Comparative Method," *The American Political Science Review* 3 (1971).

Ray S. Jackendoff, *Semantics and Cognition. Cambridge:*The MIT Press, 1983 .

H. L. A. Hart, *The Concept of Law,*Oxford: Clarendon Press, 1994.

Hans Kelsen, *Pure Theory of law,* Berkeley and Los Angeles: University of California Press, 1967.

Andrei Marmor, *Interpretation and Legal Theory,* Clarendon Press, 1992.

Leslie Green, "The Political Content of Legal Theory," *Philosophy of Social Science* 17 (1987).

Ronaid Dworkin, *Law's Empire. Cambridge,* Massachusetts: Harvard University Press. 1986.

Luc J. Wintgens, *Legisprudence: Practical Reason in Legislation,*Ashgate Publishing, 2012.

Julius Cohen, "Towards Realism in Legisprudence," *Yale Law Journal* 591 (1950).

Jeremy Waldron, *The Dignity of Legislation,* Cambridge University Press, 1999.

Niklas Luhmann, "A Sociological Theory of Law," trans Elizabeth and Martin Albrow, eds., Martin Albrow, Beijing: China Social Science Publishing House & Cheng Cheng Books Ltd., 1999.

Andrew Altman, "Legal Realism, Critical Legal Studies, and Dworkin," *Philosophy and Public Affairs* 15 (1986).

# 后　记

　　立法于我，曾是敲门砖。既"敲"学位，也"敲"工作。如今 10 年已过，我似乎轻视了立法的力量。我会在课堂上讲"立法思维的规范透视"，也会在生活中反思"随地吐痰的立法不可行性问题"。对我而言，它早已成为日常思维与行动的指南。所以，我也一直在思考中国立法学的走向及其结构改良问题。在这个过程中，幸得多位师友的指点和帮助，我才能在立法学领域不断拓新认知。河北经贸大学法学院张振国教授，朴实又饱含睿智，我从他身上第一次感触到北大人的品格（自嘲地说，我也想去北大）。张老师师从李贵连先生学习法制史，却开明地鼓励我从事立法学研究。我最初的立法学感悟，就来自他的法理学思想、胡适思想。随后，张老师将我推荐给山东大学法学院（威海）汪全胜教授———一个立法学领域的专家、开拓者———继续钻研立法学。汪老师为人严肃且话语简单。每次谈话，我必须打好腹稿，争取 1 分钟阐述，3 分钟听教，5 分钟离场。3 分钟听什么？思路、前沿、创新。记得几年前聊一个课题，汪老师说他在学数学建模，前年他与我分享在 SSCI 发文章的心得，今年又要招收计算法学方向的博士研究生。对比一下汪老师的追求与成就，我越来越看不懂立法学应当朝向何方了。对于这个问题的解答，需要阅历、经验和位置。正如孔子所言，"不在其位，不谋其政"。言下之意是，在其位才能知其政。我曾与广州大学董皞教授聊过"小区域立法"（产业园区立法）的问题。在我看来，产业园区立法属于地方立法，应当遵守《立法法》的规定，跨行政区划的法规适用改革缺乏法律依据。但董皞教授却竖起大拇指，直言这项改革好。理由在于好的改革成效能够换来立法的进步，立法不应当成为良性创新的枷锁。

　　我所学甚杂，甚至可以说不成体系。我对立法学的一点感悟是，立法与法律是二元的。部门法学者、司法领域的学者皆可以从法律出发，来批判法律的不足，完善法律运行机制。但对于立法者而言，则行不通。因为我们所从事的领域涉及的是法律生成之前的内容。换句话说，法律无法为立法提供给养。也许有人会用"法治统一"来反驳我。但立法实务经验显示，无论是创制性立法还是法律修改，社会都是基础。只有从社会出发，了解社会、了解人心、了解立法规律，才能够制定出良法。简言之，立法者必须是一个百科全书式的人物。你可以不懂某一领域，但当你要起草该领域的法律法规时，你必须成为该领域的专家。这对立法者提出了很高的要求。我经常给我的学生讲下面这个例子。《×× 省（市）中药品种保护条例》中有个词叫"道地药材"。我就问学生们"这个'道地药材'是什么意思"。大部分学生不懂而不言语，被点名的学生认为是"地道、实在"的意思。随后我告诉他们，"道地药材"是指出自该中药的原产地，保留了该中药纯正药效的药材。由此看来，对于立法学者，良法不是惹人赞扬的技艺，而是良心——对得起立法职业的良心。

　　说到此，我本想该书是一个让人警醒的"钟"，敲响"规范主义"的乐章，但不承想，也泛起了"职业主义"的意味。我在加拿大访学期间，导师程洪明教授与我谈起中国发展中的问题。他说："中国的发展缺乏职业化。"

我问他："哪方面?"他直言道："各个方面。"当时，相比其他领域，我更知晓立法，也更加明白了他的意思。中国的立法缺乏职业化，却不是人大代表常任制所能解决的。我的同事曾做过立法会议员助理，但我不曾听到哪位人大代表有立法助理（或许是我孤陋寡闻）。我也见过人大与政协统计提案率提升 5%、10%，那么提案的采纳率呢? 我个人未见到数据。所以，职业化背后的逻辑是专业化、责任化。这是当下中国立法亟须改变的事项。很难，但总得试试吧。

立法学研究的苦与乐，总是与诸多师友分享。大连理工大学人文社会学部陈光副教授、南京师范大学法学院张鹏副教授、齐鲁工业大学法学院张芃师姐、山东省社科院李亚东师兄、南京财经大学法学院李亮博士、中共青岛市委党校李志强博士、山东大学法学院（威海）黄兰松博士、曹瀚予博士对于本书的写作都给予了极大的帮助。我的领导和同事，也都容忍我的愚笨，毫不藏私地指出我的问题与不足。在此，对各位帮助过我、指导过我、激励过我的人表示深深的谢意!

感谢社会科学文献出版社的刘骁军编辑的支持和帮助。

感谢我的家人。他们的名字才最应该出现在封面上。

感谢中共广州市委宣传部对本书出版给予的资助!

张玉洁

2020 年 2 月 26 日于广州大学

图书在版编目（CIP）数据

立法的规范审视：历史、创新与实践 / 张玉洁著

. -- 北京：社会科学文献出版社，2021.3

ISBN 978 - 7 - 5201 - 8033 - 7

Ⅰ.①立…　Ⅱ.①张…　Ⅲ.①立法 - 研究 - 中国

Ⅳ.①D920.0

中国版本图书馆 CIP 数据核字（2021）第 038618 号

## 立法的规范审视：历史、创新与实践

著　　者 / 张玉洁

出 版 人 / 王利民
组稿编辑 / 刘骁军
责任编辑 / 易　卉
文稿编辑 / 郭锡超

出　　版 / 社会科学文献出版社·集刊分社（010）59367161
　　　　　　地址：北京市北三环中路甲 29 号院华龙大厦　邮编：100029
　　　　　　网址：www. ssap. com. cn
发　　行 / 市场营销中心（010）59367081　59367083
印　　装 / 三河市尚艺印装有限公司

规　　格 / 开　本：787mm × 1092mm　1/16
　　　　　　印　张：15.75　字　数：213 千字
版　　次 / 2021 年 3 月第 1 版　2021 年 3 月第 1 次印刷
书　　号 / ISBN 978 - 7 - 5201 - 8033 - 7
定　　价 / 98.00 元

本书如有印装质量问题，请与读者服务中心（010 - 59367028）联系